나는
스캐폴더다

[
스캐폴더(Scaffolder) : 건축공사 때에 높은 곳에서 재료를 운반하고 일할 수 있도록
설치하는 임시가설물이나 발판을 비계, 스캐폴딩이라고 한다.
그리고 이를 만드는 작업원을 족장맨, 스캐폴더라고 칭한다.
]

나는 스캐폴더다

초판 1쇄 발행 2017년 1월 23일

지 은 이 윤영일
발 행 인 권선복
편집주간 김정웅
표지디자인 최새롬
내지디자인 서보미
전 자 책 천훈민
인 쇄 천일문화사

발 행 처 도서출판 행복에너지
출판등록 제315-2011-000035호
주 소 (07679) 서울특별시 강서구 화곡로 232
전 화 0505-613-6133
팩 스 0303-0799-1560
홈페이지 www.happybook.or.kr
이 메 일 ksbdata@daum.net

값 15,000원
ISBN 979-11-5602-454-5 03190

Copyright ⓒ 윤영일, 2017

도서출판 행복에너지는 독자 여러분의 아이디어와 원고 투고를 기다립니다. 책으로 만들
기를 원하는 콘텐츠가 있으신 분은 이메일이나 홈페이지를 통해 간단한 기획서와 기획의
도, 연락처 등을 보내주십시오. 행복에너지의 문은 언제나 활짝 열려 있습니다.

SCAFFOLDER

나는 그대의 성공을 위한 삶의 스캐폴더입니다

나는
스캐폴더다

윤영일 지음

도서
출판 행복에너지

지금 대한민국의 젊은이들, 대학을 졸업 후 바늘구멍 같은 좁은 취업문을 뚫기 위해 노력하다 최후의 승리자가 되지 못한 취업준비생들, 앞날이 더욱 불안하고 의욕과 희망이 없는 기성세대분들께 제가 한 말씀드리겠습니다.

아프리카의 밀림지대에 파견된 어느 병사가 있었다. 그가 소속되어 있던 부대는 밀림 한가운데서 적들에게 포위당해 그 병사만 살고 전멸하고 말았다. 사람들은 그들이 모두 죽었을 것이라 생각했는데, 6개월 뒤 그 병사는 혈혈단신으로 밀림을 헤쳐 나와 구조되었다. 그를 발견했던 사람들은 그가 손에 꼭 쥐고 있던 지도를 보고 생각했다.

"역시 그는 밀림의 지도를 가지고 있었기 때문에 살아난 거야!"

하지만 그가 펼쳐 보인 종이에는 밀림의 지도가 아닌 런던의

지하철 노선도가 그려져 있었다. 그는 지하철 노선도를 보면서 꼭 살아서 그리던 고향으로 돌아갈 수 있다는 희망을 되새기면서 그 위험한 밀림을 헤쳐 나올 수 있었던 것이다.

박상곤 〈CEO를 감동시키는 자기혁명의 비밀〉 中에서

희망은 무엇이라 생각하십니까? 그저 보이지 않는 그 무엇일까요? 자연재해 속 폐허가 된 잿더미 속에서도, 가난과 고난 속 환경에서도, 계속된 면접의 고배를 마시면서도, 희망이 없었다면, 성공도 없었을 것입니다. 또 세상의 역사에는 역경을 딛고 일어난 사람들의 경험담은 존재하지도 않았을 것입니다.

"매일매일의 생활이 가끔 어떠한 어려운 문제에 봉착하든지 간에 그 일정 부분을 즐겨라." 제럴드 쿠셀의 『성공의 비밀』의 한 구절입니다. 저와 독자 여러분은 5억분의 1이라는 엄청난 경쟁률을 뚫고 이 세상에 태어난 겁니다. 그래서 저와 여러분은 이 세상에서 최고라 생각합니다. 또한 현재 지구상 인구가 64억 명이 넘는데 그중 같은 DNA, 같은 얼굴을 가지고 있는 사람은 한 사람도 없습니다. 신이 우리를 그렇게 창조하셨습니다.

그래서 우린 세상을 살아가면서 '난 세상에서 최고다.' 고 생각하며 살아야 한다고 생각합니다. 저는 이 세상에서 제가 최고라 생각합니다. 어떤 일도 해낼 수 있다고 생각하며 하루하루를 최선을 다해 살아가고 있습니다. 2014년 UN에서 발표한 내용 중 의학발달, 식생활개선, 삶의 질 변화 등으로 현재 65세까지는 청년이라 정했습니다. 저는 아직 청소년입니다.

　이 얼마나 저에게 많은 일을 열정을 가지고 할 수 있는 좋은 조건들을 가지고 있습니까?! 여러분들께서도 이 책을 통해서 보다 긍정과 열정 그리고 사람이 인맥이라는 것, 마지막으로 재테크정보까지, 조금이라도 도움이 될 수 있었으면 하는 바람입니다.

　"인생은 자유로이 여행할 수 있도록 시원하게 뚫린 대로가 아니다. 때로는 길을 잃고 헤매기도 하고, 때로는 막다른 길에서 좌절하기도 하는 미로와도 같다. 그러나 믿음을 가지고 끊임없이 개척한다면 신은 우리에게 길을 열어 줄 것이다. 그 길을 걷노라면 원하지 않던 일을 당하기도 하지만, 결국 그것이 최선이었다는 사실을 알게 된다."

　-A.J 코로닌-

　삶에서 좌절을 경험한 사람이나 위기에 빠져 있는 사람들에게 이 책이 조그마한 희망이 되길, 뭔가 변화를 갈구하는 사람에게 열정과 '본인이 이 세상에서 최고'라는 메시지를 받아 삶의 돌파구가 되기를 기원해봅니다.

2017년 01월
윤 영 일

| 윤영일

제20대 국회의원, 국회 국토교통위원회간사,
예산결산특별위원회 위원

국회의원 당선 전에 도서출판 행복에너지와 연을 맺게 되어 『생각과 말과 행동의 방정식』을 출간한 바 있습니다. 공교롭게도 동명이인이신 저자께서 행복에너지에서 책을 내시게 되어 반가운 마음으로 추천사를 쓰게 되었습니다.

이 책은 조선소에서 힘들게 일하는 산업 역군들의 노고가 얼마나 큰 것인가, 진정한 애국자란 누구인가를 다시금 생각해 보게 만듭니다. 이들에게 비록 각자 사정이 있겠으나 육체적, 정신적 강도 높은 노동을 이겨내고 스스로 얻는 것이 있으리라 생각됩니다. 이 책이 바로 그 많은 현장 근로자 중 한사람인 저자로부터 일구어진 생각의 집약체입니다.

"꿈의 높이만큼 오르고 열정의 깊이만큼 이룬다."고 했습니다. 계획한 대로 열심히 준비하고 치열하게 살아야만 성공의 단맛을 볼 수 있는 시대를 우리는 살고 있습니다.

행복을 일구는 하나의 방정식을 찾기 위해 가장 어려운 일을 하는 곳에서 희망을 보는 저자의 열정을 응원합니다.

| 권민호 거제시 시장

우선 매 순간 열정과 긍정의 힘으로 자신의 삶을 아름답게 가꾸어 나가는 윤영일 님의 자전적 이야기를 담은 『나는 스캐폴더다』의 출간을 진심으로 축하드립니다.

힘겨운 인생의 파고와 부딪혀 맞서 싸워 온 사람의 이야기는 읽는 이로 하여금 깊은 감동과 위안을 줍니다. 때로는 그 대상이 위인이나 범접하기 힘든 인물이 아닌 내 주위의 평범한 이웃의 이야기인 경우 그 감동은 더욱 깊이 있는 울림으로 다가오곤 합니다.

이 책이 바로 그런 책입니다. 저자의 인생과 삶의 목표, 조선산업 현장에서 근무하며 느낀 경험과 거제의 아름다운 자연경관에 대한 이야기까지 자신을 사랑하고, 주어진 환경을 사랑하며 살아가는 내 이웃의 이야기가 이 한 권의 책에 담겨 있습니다.

숱한 인생의 굴곡 속에서 넘어졌다 일어서기를 반복하면서도 새로운 도전을 피하지 않는 그의 이야기를 읽고 있노라면 뜨거운 인생의 열정과 무한한 에너지를 가슴속 깊이 느끼게 됩니다.

지금 현재를 힘겹게 살아갈지언정 끝없는 도전정신을 바탕으로 자신의 한계를 넘어 또 다른 세상을 마주하는 기쁨을 간접 체험해 보시고 스스로도 도전하는 기회를 삼아보는 것은 어떠하실지요?

이 한 권의 책이 아름답고 튼튼한 건축물을 위한 발판이 되는 스캐폴딩처럼 독자에게 삶의 용기와 희망을 주는 디딤돌이 되기를 바랍니다. 감사합니다.

| **조하룡** KBS 시청자본부 재원관리국장

나날이 어려워져 가는 국내외 여러 상황이 마치 백척간두에 놓인 것 같습니다. 누란지세로 보이는 현실을 사는 것이 버거우나 그 위기를 타개하는 것은 어떠한 것이든지 할 수 있다는 의지입니다. 의지를 갖춘 사람은 어떤 상황이 닥쳐와도 뚝심을 가지고 헤쳐 나갈 수 있다는 점을 윤영일 저자의 저서를 통해서 확인하실 수 있을 것입니다. 또한 저자가 책에서 풀어놓은 경험담은 어디에서도 쉽게 보지 못할 귀중한 자료로서 우리의 마음속에 강한 메아리를 남기리라 생각됩니다. 기나긴 터널을 지나 행복의 길로 나아가는 비전을 제시하고 있는 『나는 스캐폴더다』에서 독자 여러분들께서 부디 희망의 등불을 발견하시길 바라봅니다.

| **김희숙**
여수시의회 의원,
한국장애인 문화관광진흥회 전남협회장

땀은 결코 배반하지 않는다는 말이 있듯 포기하지 않고 집중하고 노력하면 성공의 길이 열리게 됩니다. 저자처럼 과거에 어려움이 있었을지라도 현재 땀을 흘리며 노력을 하는 의지를 갖고 있기에 미래를 준비할 수 있는 것입니다. 책 속에 가득 담긴 포기하지 않는 도전 정신을 독자 여러분들도 함께 나눠 갖기를 소망합니다.

Contents

Prologue   ... 4

PART 1

어디까지 추락하는 건가?!

메디슨, 윤영일 파산하다   ... 17
아픔의 기억 1 – 2002년 한일 월드컵   ... 24
아픔의 기억 2 – 개콘(개그콘서트)   ... 28

PART 2

아니야! 다시 도전하자

하성기업   ... 35
SHI – 삼성중공업   ... 46
대한민국 조선소는 위대했다   ... 54
나는 스캐폴더다   ... 65
영구리 형   ... 73
1억 이상을 버는 슈퍼맨이 되다   ... 81
나를 버티게 한 힘 1 – 오버드라이브   ... 89
나를 버티게 한 힘 2 – 신안한약방, 신안흑염소   ... 93
나를 버티게 한 힘 3 – 아들과 함께한 마라톤   ... 96

PART 3
전수 1 - 나의 재테크

ASSET PLUS FUND ··· 109
FX(FOREIGN EXCHANGE)마진 투자 ··· 123
당신이 부자가 되기 위해 갖추어야 할 10가지 힘 ··· 128

PART 4
전수 2 - 나의 마인드

스티븐 코비의 '90:10의 원칙' ··· 169
나의 자존감과 세상이 아름답게 소통하는 방법 ··· 173
나의 한계 ··· 177
타인의 심리를 꿰뚫는 설득 ··· 179
백인백승 ··· 185

PART 5
성장기

국민학교 시절 ··· 193
중학교 시절 ··· 196
고등학교 시절 ··· 201
대학 시절과 첫 직장 ··· 206

PART 6

세상을 박차고 나가다

Beer test · · · 217
메디슨과 메리디안 · · · 222
목숨을 세 번이나 건졌던 나의 이야기 · · · 229

PART 7

내가 세계 최고였다

평사원에서 6개월 만에 지사장 승진 · · · 237
고흥대첩 · · · 242
빌 게이츠를 만나다 · · · 249
내가 존경하는 3인의 위인들: 이순신, 세종, 메르켈 · · · 253

PART 8

나의 목표 – 나는 이렇게 될 것이다

I'm a Saladent(나는 샐러던트다) · · · 261
거제시 무료자원봉사 · · · 266
CEO 사관학교 · · · 276
'호모 플레이쿠스'와 해양스포츠 사업비전 · · · 280
명강사가 되어 긍정의 힘을 전파하고 싶다 · · · 284

Epilogue – 마치면서 · · · 288
출간후기 · · · 294

SCAFFOLDER

PART 1

어디까지
추락하는 건가?!

메디슨, 윤영일 파산하다

아픔의 기억 1 – 2002년 한일 월드컵

아픔의 기억 2 – 개콘 (개그콘서트)

되돌아갈 다리를 불태워라 목표를 설정하고
반드시 이루겠다는 파기 불가능한 서약을 하여
되돌아갈 다리를 불태워라. 절대 포기하지 마라

메디슨,
윤영일 파산하다

제 이야기는 2000년대까지 승승장구하던 '메디슨'이란 회사의 급격한 변화에서부터 시작합니다. 그때 당시 저는 메디슨의 자회사인 메리디안에서 메디슨의 발전과 함께 장밋빛 미래를 그리고 있었으나 안타깝게 좌절한 사연이 있습니다. 그때 순간을 돌이켜 봅니다.

이민화 회장의 오판 그리고 추락

2000년 초 결산을 마친 메디슨은 경상이익 720억 원이라는 사상 최대 실적에 도취되었습니다. 그러나 영업이익은 150억 원 수준일 뿐 나머지는 사내외 벤처기업 중 상장주식 평가이익과 처분이익이었습니다.

IT 버블이 최고점을 향하고 있었고 메디슨이 '시장을 공유한다'

는 이념으로 벤처 소생태계 형성을 위해 투자한 기업들의 가치 또한 천정부지로 솟구쳐 있었습니다.

당장 증권시장에서 매각 가능한 주식만 1조 5천억 원에 달했는데 그야말로 자만심이 하늘까지 찌를 기세였습니다. 여기서 스스로를 돌아보는 지혜가 필요했으나 이민화 회장은 그렇게 하지 못했습니다.

2000년 4월, 주식 2천억 원을 매각해 본사를 무차입경영 하자는 경영진의 의견에 고민하던 이민화 회장은 주식시장에 끼칠 거대한 파급효과를 걱정해 그를 반대합니다. 그러나 안타깝게도 몇 개월 뒤 미국의 IT 버블 붕괴로 한국 코스닥 주식이 폭락해 주식 가치가 1천억 원 수준으로 급락합니다. 그렇게 이민화 회장은 모든 일에 대한 책임을 지고 크레즈를 매각하면서 자금을 조달한 뒤 사퇴를 합니다. 메디슨과 공동으로 연구를 진행하던 크레즈는 GE에 넘어가 몇 년 뒤 5배의 가치를 지닌 회사로 성장하고 GE는 업계 1위로 등극합니다. 아직도 메디슨과 관련 있었던 이들이 가장 아쉬워하는 것이 크레즈 매각입니다.

2002년 1월 메디슨은 부도를 내고 법정관리에 들어갑니다. 크레즈를 매각하면서 한숨을 돌린 줄 알았던 메디슨이 부도가 난 것은 이민화 회장과 연관된 어떤 일로 인해서였습니다. 이른바 메디슨 부도의 숨은 이야기입니다.

이민화 회장은 메디슨을 떠나 한국 의료산업의 새로운 전략을 구상하기 위해 한국의료산업연구소를 세웁니다. 그때 야당이었던 한나라당에서 제안을 하나 받게 됩니다. 바로 미래 국가전략을 구성하는 테스크포스(TF)에 합류해달라는 요청이었다고 합니다. 이민화 회장은 '정치에는 참여하지 않는다'는 조건을 걸고 합류해서 일을 하게 됩니다. 그 테스크포스의 멤버는 공성진, 정두언, 김일섭, 이름을 알 수 없는 A씨, 그리고 이민화 회장이었습니다. 그것이 2001년 11~12월의 일이었는데 두어 달 뒤 메디슨이 부도가 납니다.

크레츠의 매각을 떠나서 메디슨의 영업은 그다지 문제가 없었고 크레츠 매각 후 고비를 넘긴 것으로 보였는데, 부도가 났다는 것은 이상할 수밖에 없습니다. 이민화 회장은 메디슨 부도 일주일 뒤 전석진 변호사로부터 전화를 받습니다. 전 변호사는 벤처협회 초창기 이사이기도 합니다.

전 변호사는 이민화 회장에게 한나라당 정책 수립에 참여했냐는 사실을 물었다고 합니다. 이민화 회장은 비밀 프로젝트로 진행되었는데 어떻게 알게 되었는지 놀랐는데 더 놀라운 것은 이민화 회장이 그 프로젝트에 참여했다는 이유로 메디슨에 불똥이 튀었다는 것입니다. 이민화 회장은 이미 일선에서 물러난 상황이어서 메디슨과는 아무 관계가 없었지만 이민화 회장이 세운 메디슨 신화와 의료기기 업계에서의 영향력을 비추어 볼 때 어떤 누군가에게는 이민화 회장과 메디슨은 뗄 수 없는 관계로 보여 메디슨에 어떤 조치를 취한 것이었습니다.

이민화 회장은 이후 그에 대해 발설하지 않다가 자신의 자서전을 통해 정두언, 공성진 두 의원은 자신들이 만든 프로젝트를 가지고 정책에 반영해 잘 활용하였으나 메디슨이 부도난 것과는 아무 연관이 없었다고 밝혔습니다. 아마도 이름을 밝힐 수 없는 A씨가 어떤 일을 꾸미지 않았을까 합니다만 이 사건을 비추어보면 정치란 정말 무서운 것이라는 사실을 알 수 있습니다.

메리디안 등 자회사들의 이야기도 빼놓을 수 없습니다. 메리디안·메디다스·메디페이스·메디링스 등 이른바 '메디슨 연방체'로 알려진 의료정보 업체들도 큰 손실을 받았습니다. 무엇보다 당시에 업체들은 '메디슨 관계사'라는 꼬리표를 달고 갈 수밖에 없는 것이 가장 큰 타격이었습니다.

윤영일 파산선고하다

2002년 당시 메리디안 호남총판을 책임지고 있었던 저에게도 모기업인 메디슨의 부도와 추락으로부터 자유로울 수 없었습니다. 어려움을 겪을 수밖에 없는 상황에 놓여있었지만 본사에서 간신히 화의인가를 받아 외자유치와 더불어 인수합병(M&A), 국내외 마케팅 강화 등으로 재기의 발판을 마련하게 됩니다.

하지만 매스컴과 언론매체에서는 메디슨 부도라는 초대형 이슈가 등장했기에 가만 놔둘 리가 없었습니다. 한동안은 사무실에서 도저히 업무를 할 수 없을 정도로 전화가 마비되고 곳곳에서 연락이 빗발치는 상황이었습니다.

또한 고객들이 메디슨이 부도를 내면서 시장이 변화한 것을 느끼고 구매 패턴을 안정적인 기업으로 돌리면서 전국의 메리디안 총판들의 매출이 추풍낙엽처럼 계속 떨어지기만 했습니다.

분기 매출로 5억 원 이상을 달성하던 호남지역도 예외는 아니었습니다. 메리디안 본사와 계약서를 작성할 때 타 제품을 함께 판매할 수 없는 강제 조항을 내버려둔 것이 그때 그토록 안타까울 수가 없었습니다. 여러 가지 패착 요인 중 하나라고 생각이 들 정도였습니다. 여하튼 늦었지만 그래도 다른 아이템들을 론칭하기 시작했습니다.

피부·미용·성형·코스메틱·기(氣)측정기 외 여러 제품을 메리디안 제품과 합해 품목을 늘리고 더욱 공격적인 영업 방법으로 판매망을 넓히기 시작했는데 처음에는 고객들께서 제가 해온 것을 알고 계시기에 믿음을 주시고 구매를 계속 해주셨습니다.

하지만 시간이 지날수록 메리디안 본사에서 나와야 할 신제품, 신기술이 반영된 한방제품이 나오지를 않자 결국 고객들이 점차 외면하기 시작했습니다.

그렇게 회사의 세는 점차 기울어가기 시작했고 15명이 넘었던 직원들조차 회사의 운명을 느꼈는지 하나둘 사직서를 제출하면서 이빨 빠진 호랑이 신세가 되고 말았습니다.

저는 제 잘못을 시인하고 인정해야 했습니다. 변화가 일어나고 있다는 사실을 빠르게 인지하지 못했던 점, 메디슨과 메리디안의 승승장구에 편승해 올인 하려고만 했던 점, 만약을 위한 대비책 즉 플랜B 따위는 전혀 염두에도 두지 않았던 잘못들이 그 당시에 한꺼번에 몰려들어 결국 그 화려했었던 호남메리디안 총판을 접어야만 했고 그것은 저의 아픔으로 남게 되었습니다.

특히 메리디안 본사에서는 전국 각 지점장들을 보증인으로 해서 사업자금을 대출받았었습니다. 그렇기 때문에 메디슨과 메리디안이 파산과 화의 신청을 하면서 지점장들은 거의 대부분 신용불량자 딱지를 받게 되었습니다.

개인으로서는 면책하기 어려운 과도한 부채, 사업 부진, 그리고 신용불량까지 다시 재기하기란 굉장히 어려운 난관들을 두고 저는 고민을 했습니다. 어떻게 어려움을 극복할 수 있을지 며칠을 괴로워했으나 결국 1보 전진을 위한 2보 후퇴라는 말을 겸허히 받아들이고 법원으로 발길을 옮기게 됐습니다.

많이들 들어보셨겠지만 채무자 구제제도로서 개인회생·파산이란 제도가 있습니다. 이 제도는 "성실하지만 불운하게도 과도한 채무를 지게 되어 절망에 빠지고 생활의 의욕을 상실한 채무자에게 좋은 구체책으로, 모든 채권자가 평등하게 채권을 면책 받도록 보장함과 동시에, 채무자에게 면책 절차를 통하여 남아 있는 채무에 대한 변제 책임을 면제 받아 경제적으로 재개 갱생할 수 있는 기회를 부여하는" 제도입니다. 제 상황이 당시에 딱 저러하였기에 2012년 10월 서울에서 파산신청을 준비했습니다.

여러분은 그러지 않으시리라 생각하지만 제가 파산신청을 준비하는 데 필요한 서류가 굉장히 많았기에 정보를 공유할 겸 여기에 나열해 봅니다.

〈가족관계등록부, 주민등록등본, 채무자 인감증명서, 부동산 소유자, 부동산등기부등본, 부동산 시가증명서, 담보목적물의 자료, 재산세과세증명서, 자동차등록원부, 시가증명원, 사업자등록증 사본, 사업용설비목록, 사업장 임대차계약서, 종합소득세 확정신고서, 소득확인서(2부), 부채증명서, 압류 및 가압류서류, 보험 가입자 보험 해약환급금 예상확인서 퇴직금예상증명서, 급여증명서, 소득증명서, 재직증명서, 본인 및 가족들의 수입증명원, 최근 2년간 종합소득세 확정신고서, 거주지 등기부등본과 주민등록등본, 가족관계증명서〉

약 30여 가지가 되는 서류를 준비하는 데 일주일이나 걸렸습니다. 또 혹시 몰라 변호사 사무실에서 자문을 받고 나서야 대법원 판사님 앞에 서서 최종 면책 판결을 받았습니다.

면책 판결을 받으니 기분이 착잡했습니다. 소명을 위해 준비한 자료들이 충분했기에 판사님께서 면책판결을 내주셨으나 저에겐 그 화려한 과거를 다 묻어야 하는 선택이었기 때문입니다. 임상직원부터 시작해서 영업사원, 호남지점장, 1997년 IMF 이후 호남 메리디안 총판, 전국 최우수 대리점, 전국 최고 매출 달성 후 해외여행 상품권 수령 등이 파노라마처럼 스쳐 지나가면서 저의 눈시울을 뜨겁게 만들었습니다.

아픔의 기억 1
2002년 한일 월드컵

2002년 한일 월드컵을 겪으신 분들이라면 잘 아실 것이라 생각합니다. 한일 월드컵은 우리나라 역사상 가장 강력하고 역동적인 거리 응원을 이끌어내고 열기가 넘치는 축제의 장이었습니다.

월드컵 응원문화의 조직화에는 인터넷이 자주 중요한 역할을 했습니다. 인터넷상에서 우리나라 대표 팀을 응원하는 '붉은악마' 동호회의 회원 수는 20만 명에 달했고 그들이 빠르고 쉽게 상호 교류를 하며 많은 정보를 주고받아 응원 장소, 응원가 등을 전파하며 응원을 주도한 것입니다.

그러나 걱정도 있었습니다. 한일 월드컵 전까지 우리나라는 단한 번도 월드컵 승리를 가져오지 못한 나라였습니다. 이전 대회에서는 네덜란드에 5:0의 참패를 당한 기억도 있었습니다. 그동안 우리가 세계 속에서 하위권에 속해 있다는 성적만을 받아왔기에 주눅도 들어 있어서 '또 지는 것은 아닐까' 하는 불안감에 떨어야 했습니다. 그나마도 비기는 경기가 나오면 희망을 가지기도 하지만 패배의 연속으로 본선 무승 탈락이란 성적에 그치면 '그러면 그렇지, 선진국과 우리나라의 실력 차는 아직 엄청나다…'라고 여기며 좌절감을 느꼈던 것이 그 전 대회들에서 반복된 상황이었습니다.

본선 첫 경기, 폴란드와의 대결을 앞두고 국민들의 시선은 모두 부산월드컵주경기장을 향해 있었습니다. 월드컵 무대에서 한 번도 이겨본 적이 없는 대한민국 축구 대표 팀, 이번에는 단 한 번이라도 이길 수 있을까라는 걱정 어린 시선이 많았습니다. 더구나 우리가 주최해 차려놓은 잔치인데 초장부터 지는 모습을 보이면 결국 실력이 없는 나라로 보일 수도 있는 상황인 것입니다. 그것도 아시아에서 처음으로 개최되는 월드컵이기 때문에 더욱 중요했습니다.

황선홍 선수의 첫 골이 터진 순간, 대한민국이 들썩였습니다. 유상철 선수의 두 번째 골이 나오고 승리가 확정되다시피 한 순간, 아마 전 국민이 흥분했을 것입니다. 이렇게 짧은 시간에 신나는 일을 겪은 경험이 누군들 있었겠습니까? 월드컵 우승의 단골인 유럽이나 남미 팀 또한 승리할 때면 환호를 하며 들뜨는데 우리 땅에서 그토록 갈망하던 월드컵 첫 승의 꿈을 이루었으니 기쁠 수밖에 없었습니다 . 그리고 신나게 응원하면 할수록 우리 팀의 사기는 높아지고 상대편의 사기는 떨어져서 응원을 열심히 하면 이길 가능성이 높아지니 더욱 신나게 응원한 것입니다.

저 밑바닥에서 치고 올라와 결국 월드컵 4위의 성적을 거둠으로써 우리 모두는 "대한민국에서 태어난 것이 자랑스럽다."라고 당당하게 말할 수 있게 되었습니다. IMF 경제 악화, 지역주의 갈등 그리고 부패로 찌들어 고통받는 상황에서 열광적으로 응원하며 일시적으로 나쁜 감정을 훌훌 털어버린 것이었습니다.

그동안 축적된 악감정과 불만을 털어버리고 새롭게 초월적인 집단 에너지를 보충받음으로서 새로운 활력을 갖게 된 것이 가장 긍정적인 부분이라고 하겠습니다. 지금도 '대~한민국'을 외치면 온몸이 들끓고 흥분이 일어나는 것은 정말 대단한 일을 해낸 것이라 하겠습니다.

2002년 월드컵은 그렇게 지나갔지만 우리에게 많은 흔적을 남겼습니다. 우리 국민들도 열광적으로 무엇이든 참여할 수 있다는 자부심, 기존 선진국들을 제칠 수 있다는 자신감 등입니다. 사람들이 광장에 모여 다 같이 즐거운 축제를 즐기는 것이 일상이 되었고 여러 국가적 사건, 사태들로 생긴 정신적 상처를 상당 부분 치유할 수 있었으며, 지난 100년간 계속되었던 서구에 대한 콤플렉스를 날려버릴 수 있었습니다. 이로써 우리 대한민국이 세계 속에서 빛나는 주도자로 자리매김하여 볼 수 있는 발판이 마련된 것입니다.

대한민국 전 국민의 축제였던 2002년 월드컵 기간을 겪으며 우리 국민들이 많은 즐거움을 느끼고 환희의 시절을 보냈다면 저는 완전히 반대의 상황에 빠져있었습니다.

모기업인 메디슨이 부도가 나는 청천벽력의 사태를 맞이한 것입니다. 당시 모기업인 메디슨 본사에 메리디안과 전국 대리점 대부분이 보증을 서고 있어서 그 피해가 일파만파로 퍼져 저에게까지 전해진 것이었습니다. 그 외에도 여러 재무회계 등이 얽혀있어 본사와 거래관계를 이어가야만 했는데 파급이 상당했던 것입니다. 그동안 노력을 기울여 광주광역시에서 1%만 입주한다는 ○○아파트에서 살고 있었을 정도로 좋은 상황이었지만 메디슨 부도 이후 점점 바닥으로 곤두박질칠 수밖에 없었습니다. 가라앉기만 하는 회사를 경영하면서 고객들부터 '부도난 회사가 해봤자 앞으로 얼마나 고객 사후관리에 신경 써서 잘하겠느냐?'는 부정적인 시각들을 계속 받으면서 힘겹게 버티는 것만으로 세월을 보내야만 했습니다.

그래서 다른 사람들에게는 돌이켜보면 추억이자 흥겨운 축제의 장이었던 2002년 한일 월드컵이 저에게는 돌이킬 수 없는 최악의 상황을 직면해야 하고 감당해내야만 했던 최악의 기간이었습니다.

아픔의 기억 2
개콘(개그콘서트)

　전 국민에게 사랑받는 TV프로그램이 요즘은 그리 흔하지 않지만 예전만 하더라도 '그거 봤어?' 했을 때 못 본 프로그램이면 대화가 안 되던 시기였습니다.

　바로 KBS2 TV에서 방영하는 개그콘서트(이하 개콘)이 그럴 때가 있었습니다. 개콘은 1999년 9월을 시작으로 아직까지도 일요일 밤 9시부터 1시간 30분여가량을 웃음으로 채우는 우리나라 대표 예능프로그램입니다. 다른 공개 코미디 프로그램이 힘에 부쳐 편성표에서 사라질 때 여전히 자리를 굳건히 하고 꾸준한 사랑을 받으며 KBS에 효자 노릇을 하고 있는 프로그램입니다.

　개콘은 과거에 대학로에서 시범적으로 운영되던 공연 형식의 코미디 쇼를 텔레비전으로 고스란히 옮겨온 형태로 방청객 앞에서 개그를 펼치는 프로그램입니다. 그렇기 때문에 현장감이 두드러지는 것이 특징입니다. 요즘 공개 코미디들은 모두 개그콘서트와 비슷하게 운영될 정도로 확고한 틀을 가지고 있는 것입니다.

코너가 끝날 때마다 이태선 밴드가 팝이나 유명 대중가요의 멜로디를 편곡해 연주하면서 다음 코너로 이어주는 역할을 맡은 것이 전통이 되어 지금까지 유지되고 있기도 합니다.

개콘이 잘나간 이유가 무엇일까요? 개콘의 개그에는 정치 풍자가 제법 담겨 있었습니다. 정치 풍자는 가장 뛰어난 오락 프로그램으로, 정치를 풍자하는 것은 생존과 갈등을 묘사하기 때문에 훨씬 재미있습니다. 우리나라는 풍자를 웃음의 소재로 보지 않고 현실 그 자체로 보는 것이 많아 이런 프로그램이 많이 드뭅니다. 미국의 경우 개그 오락 프로그램 〈금요일 밤 라이브(Saturday night live)〉이 바로 사회와 정치를 풍자하는 장수 오락 프로그램입니다. 우리나라에도 수출되어 한동안 정치 풍자로 이슈를 모았습니다.

아무튼 전 국민의 20% 가까이가 일요일 밤 9시 시간대를 기다리고 그 시간에 맞춰 개콘을 보곤 하지만 저는 어느 한때 그 시간 이후부터 밤에 잠을 이루지 못하곤 했습니다.

다음 날 월요일부터 업무(영업)가 시작되는데 월 은행결제일 및 각 업체와 약속한 자금 지급일이 바로 다가오기 때문이었습니다.

일요일 밤은 아니 개그콘서트 시간은 후반부에 들어와서는 재미있게 개콘을 보고 있는 가족을 두고 저만 조용히 방에서 빠져나옵니다. 곧 다가올 상환부채금액을 만들어야 하는 고민으로 머리가 너무 아프고 월요일부터 다시 영업을 하려니 다 떨어져 나간 기고객과 가망고객도 없고, 부도난 본사의 호남총판을 운영하려니 무작정 맨땅에 헤딩하듯이 고객을 방문하는 것이 두렵고 고역으로 다가오는 것이었습니다. 그렇게 월요일을 생각하면서 새벽까지 잠에 못 들고 고민하는 시간이 연속되었습니다.

사업을 해보신 사장님들께서는 충분히 이해할 수 있는 부분이라 생각합니다. 급여일과 기타 자금 지급해야 할 날들이 100m 달리기하는 속도로 빨리 다가온다는 것을.

지금은 모든 것을 정리하고 다시 시작한다는 홀가분한 마음가짐을 먹고(?) 난 상태라 개콘을 아주 즐겁게 시청하는 시청자로 돌아가 있음을 독자 여러분께 말씀드립니다.

도자 공예작품 「소망」

PART 2

아니야!
다시 도전하자

하성기업

SHI – 삼성중공업

대한민국 조선소는 위대했다

나는 스캐폴더다

영구리 형

1억 이상을 버는 슈퍼맨이 되다

나를 버티게 한 힘 1 – 오버드라이브

나를 버티게 한 힘 2 – 신안한약방, 신안흑
염소

나를 버티게 한 힘2 – 아들과 함께한 마라톤

현재 속에 살기
행복과 성공을 원한다면 바로 지금 일어나는 것에 집중하라.
소명을 갖고 살면서 바로 지금 중요한 것에 관심을 쏟아라

하성기업

돈 벌러 간 조선소에서 알게 된 족장의 세계

파산신청을 한 다음 저는 사랑하는 아내와 아들(당시 중2), 딸(당시 초3) 가족들을 광주의 한 월세 2층 주택에 옮겨두고 서울로 올라 갔습니다. 발이 떨어지지 않았지만 어떻게 해서든지 재기를 해야 한다는 일념 하나로 이를 악물었습니다. 잠깐 지사를 했던 한 방화장품 전문회사인 (주)BR의 대표이사님께서 서울에서 자리를 잡는 동안 본사(선릉)에 근무할 수 있도록 배려를 해주시어 10년이 넘어 서울로 다시 올라오게 되었지요.

숙소를 선릉역 근방에 고시촌을 이용하기로 마음먹은 것은 가장 저렴했기 때문입니다. 익히 아시겠지만 1평방미터도 되지 않는 좁은 공간에 1인용 침대, 책, 옷만 해도 원룸은 가득 차버리죠.

그때가 겨울이었는데 그렇게 추운 겨울은 평생 처음이었습니다. 선릉역에서 나오는데 칼바람에 눈까지 내려 눈보라가 얼굴과 온몸에 휘감기는데 손끝이 금세 얼음장이 되어버렸습니다. 안 그래도 추위를 많이 타는데, 서울에 즐거운 마음으로 온 것도 아닌 상황에 여러 가지 이유로 그해 겨울은 더욱 곤혹스러운 시기로 지금도 각인되어 있습니다.

서울에서 안 해본 일이 없었습니다. 식당서빙, 발레파킹, 물류 배달, 부동산, 편의점 등 닥치는 대로 일을 해서 돈을 벌어 지금은 몇 가지 채무 외에 나머지 빚은 상환을 하였습니다.

그러던 어느 날 일간지에서 한 광고를 보게 되었습니다. 조선소에서 근무하면 높은 급여가 보장된다는 문구가 눈에 띄었습니다. 그 길로 경남 거제의 대우해양조선에 첫발을 내딛게 되었습니다.

제가 처음 했던 일은 선박 내에 수많은 전선을 직접 줄다리기 하듯이 당기면서 설치를 하는 포설이라는 것이었습니다. 그런데 담당 팀장에게 개인적인 사정이 생기면서 문제를 일으키는 바람에 팀이 와해되었고, 저는 이참에 잘되었다 생각하고 평소에 일해보고 싶었던 삼성중공업으로 이직을 했습니다.

삼성중공업에서는 용접 일을 맡았습니다. 그런데 제가 들어간 후 3개월간 잔업과 철야근무가 없어서 정말 난감했습니다. 조선소에서는 잔업과 철야근무를 할 때 시급의 1.5배 내지 2배의 급여가 더 나오기 때문이었습니다. 힘들더라도 돈을 더 많이 벌기 위해 이곳까지 왔는데 잔업이 없으니 고심할 수밖에 없었습니다.

그러던 어느 날 Module에서 용접 일을 하고 잠시 대기 시간을 갖던 중에 저 아래 바닥에서 키가 150cm도 안 되어 보이는 작은 여인이 일을 하고 있는 것을 보았습니다. 그 여인은 약 3m 높이(약 24kg)의 족장을 아무렇지도 않게 번쩍 들어서 상부에 계속 올리고 있었는데 그것도 미소를 띠고 일을 하고 있는 것이었습니다!

저는 속으로 놀란 채 '아~ 이게 아닌데?!'하는 마음이 들었습니다. 평소 듣고 보았던 족장(비계)에 대한 부정적인 생각이 뇌리에 꽉 차있었는데 키 작은 50대 초반의 아줌마가 저렇게 나무막대를 올리는 것처럼 쉽게 무거운 족장을 위로 올리는 모습이 저를 아주 혼란스럽게 만들었습니다.

제가 주위에서 족장에 대해 들었던 말들로 미루어볼 때 그 모습은 있을 수 없는 일이었습니다. 조선소 내에서 가장 사망률이 높은 직업군, 가장 힘든 일, 고소(높은 곳에서 일함)작업 등이 많다고 들어서 정말 족장은 아닌데 하는 생각이 들었으나, 저렇게 쉽게 일을 하고 미소를 띠면서 일을 하고 있다니 믿기지 않았습니다. 그 모습을 본 이후로 저는 주위에서 족장맨들이 일하는 모습을 아주 관심 있게 지켜보게 되었습니다. 특히 그 키 작은 여인이 계속 머리에 맴돌았습니다. 나중에 일하면서 알게 된 그분은 족장 경력 7년의 김영미 누님이셨습니다.

강인한 모습을 보여주는 영미 누님을 저뿐만 아니라 동료들도 친누나, 언니처럼 잘 따르고 있습니다. 항상 어려운 일이나 해결하기 난감한 문제를 누님과 상의하면 좋은 해결책을 주시곤 합니

김영미 누님

다. 본인의 인생 노하우와 이곳에서 족장을 7년이나 하면서 쌓은 경험이 있어 일반 남성보다 더 뛰어난 일머리와 경력을 인정받고 있습니다. 그런 것들은 대외적으로 인정받을 수 있는 커다란 본인의 자산일 것입니다.

저는 남다른 인연으로 누님과 여러 친분이 있는 동료들과 모임을 가지면서 좋은 관계를 만들고 동료애까지 키우고 있습니다. 저에게 이렇게 글을 쓸 수 있게 모티브를 준 영미 누님에게 이 자리를 빌려서 정말 감사하다는 말을 전하겠습니다.

그렇게 여러 날을 고민하다가 소장님을 찾아갔습니다. 비장한 마음으로 제가 그동안 살아온 이야기들을 간단히 말씀드렸습니다. 어려운 상황을 극복하기 위해 가족을 두고 이곳에 와서 입사하였지만 원하던 만큼의 급여가 나오지 않으니 잔업이 있고 급여가 많은 족장이 힘들고 위험하더라도 괜찮다고 말했습니다. 그렇게 어렵게 소개를 부탁드린다고 말씀을 드리니 감사하게도 소장님이 잠시만 기다려보라고 하시며 휴대폰으로 누군가에게 전화를 바로 하시는 것이었습니다.

그렇게 알게 된 분이 바로 하성기업의 나봉춘 대표님입니다.

나봉춘 대표님과 스캐폴딩과의 만남

하성기업은 스캐폴더(족장, 비계, 발판) 전문 업체로 삼성중공업 내 143개 협력회사 중 하나입니다. 제가 입사할 당시에 하성기업의 나봉춘 대표님 이하 직원들은 3년째 불굴의 열정을 피워내며 근무하고 있었습니다.

대표님이 군 특수부대에서 근무하시어 그런지 몰라도 대표님은 저와 똑같이 평사원으로 입사했지만 한 기업의 대표라는 자리에까지 오른 패기 넘치는 분이십니다. 지금도 저희들에게 틈이 날 때마다 시간만 허락한다면 여러분들과 함께 현장에서 족장 업무를 하고 싶다고 말씀하시고 항상 족장 업무에 임하는 직원들을 존경한다고 말씀하십니다.

대표님은 삼성중공업 143개 협력업체와 30여 개의 기한부업체 중 유일하게 사외복지기숙사 관리비를 내며 사용하는 임직원들에게 무상으로 사용하게 해주시고 기숙사의 임직원들에겐 5만 원에 달하는 상품권을 매달 주시며 사기를 높여주십니다. 그래서 하성기업 임직원들 거의 대부분이 편하게 즐거운 마음으로 근무에 힘을 쏟고 있습니다.

삼성중공업(주)에서 직접 나봉춘 대표님을 평가한 자료를 살펴보면 더 잘 이해하실 수 있을 듯해 여기에 소개합니다.

나봉춘 대표님

"상기인은 2002년 2월 9일 삼성중공업(주) 사내협력사 '태정기업'의 비계 발판공(족장) 현장사원으로 입사하여 현장 직원부터 시작하여, 조장, 반장, 직장, 소장직의 경험을 체계적으로 수행한 조선업 비계 발판공의 최고권위 기술자이며, 삼성중공업(주)로부터 그 공을 인정받아 2013년 5월 1일 삼성중공업(주) 사내협력사 하성기업을 창립하게 되었습니다. 한국 최대 규모(최고의 인력확보 및 최대물량 처리)의 비계 발판공 전문 회사로서 사원들을 위한 회사를 만들고자 하는 나봉춘 대표의 경영 철학과 그 공적은 아래와 같음."

1. 7조원 규모의원 구연

○ Shell – FLNG(천연원유유액화가스 정제 및 저장/하역시설) 전 공정에 설치되는 비계발판의 설치 및 철거에 있어 완벽 납기 및 품질 준수

○ 조선업 비계 설치 및 철거회사에서의 다양한 활동을 통해 무재해 700일 달성(거의 기적 같은 일임) → 창립 이래 직접적 산업재해 발생 제로

2. 조선업 기피직종(비계, 족장)의 다양한 인력확보 활동

○ 젊은 인력 기피직종 1위라서 젊은 인력 유치의 시급함 → 조선업 비계공(족장) 평균연령 45세, 향후 15년 후 비계공 부족으로 조선업 제작 불가피. 이에 대한민국 유일 비계직종 자격취득 특성화고교인 '경기남양주공업고'와 취업

MOU 체결 → 남양주공업고 취업실적: 14년(7명), 15년(12명) 젊은 인재 취업성공

○ 삼성중공업 협력사협의회 부회장으로서 협력사 장애인 165명 채용에 앞장 하성기업 15년 중증(3명), 경증(2명)의 장애인 채용(사회적 책임에 최선인 기업)

3. 장기근속 유도를 위한 다양한 복지 활동

○ 열린 고충상담실(고충해결 담당: 총무차장), 사원전용 복지기숙사 건립, 기숙사 청소 및 세탁 도우미 운영(특히143개 협력업체 중 유일하게 복지 기숙사 관리비 무료인 데다 월 5만 원 상품권 까지 지급해주시는 것을 확인하고 감동받지 않을 수 없었습니다.)

○ 체육행사, 워크숍, 경조사원, 가족 식사 초대권 및 문화생활 티켓지급 등 지원

4. 사원의 정서함양을 위한 조직문화 활동

○ 감사 나눔 조직문화 도입 및 정착을 통한 사원들 간 감사하는 마음 함양 조성

○ 관리자들은 사원들에게 사원들은 관리자들에게 감사한다는 말과 글을 생활화하였으며, 그 결과 일당공이 활개를 치는 조선업 비계공(족장) 협력사 최초 전 사원 본공 비중이 85% 이상 확보하게 되었음(삼성중공업 타사 50% 미만임). 그 결과 삼성중공업(주)로부터 그 공로를 인정받아 15년 10월 삼

성중공업(주)대표로부터 "감사나눔실천 우수상" 수상

5. 다양한 사회 봉사활동을 통한 책임을 다하는 경영 철학 준수

o 거제 소재 애광원(지적장애우 시설) 목욕관련 시설 설치 지원
(2,800만 원 상당)

o 경남지방경찰청 산하 법사랑 위원회 위원으로 활동, 범죄
경력의 기소유예청소년 2명에 대한 선도 및 재정적 지원

6. 누구보다 대한민국을 사랑하는 애국심!

o 자택, 거실 중앙, 회사 사무실, 사원 기숙사에 365일 태극
기 설치, 독도, 심해, 동해 일출 등 나봉춘 대표가 가는 어
디든 항상 태극기와 함께함

o 휴대폰 컬러링, 벨소리 등 모든 음악모드는 애국가로 설정됨

620명에 가까운 임직원들의 대부분은 정말 일을 내 일처럼 참

〈나봉춘 대표님이 좋아하는 태극기, 안중근 의사, 안중근 의사의 친필〉

잘합니다. 특히 업무 시작과 마무리를 깔끔하게 처리하는 모습을 직접 보고 배우면서 제가 앞으로 사회에서 어떠한 일을 하더라도 자신 있게 할 수 있는 커다란 자산을 얻게 되었습니다. 우리 하성 기업 임직원 여러분들께 개인적으로 진심어린 감사를 드리고 싶습니다. 더욱이 나봉춘 대표님은 저보다 훨씬 굴곡 있고 드라마틱한 삶을 사시면서 타인에게 본받을 만한 면모를 많이 갖추셔서 제가 최근 본 분 중 가장 존경하는 분입니다.

　　나봉춘 대표님은 1965년 4월 22일 강원도 홍천군 현리에서 태어나셨습니다. 검도유단자이시면서 고등학교를 광주광역시에서 주야간, 산업체, 특별학급 이렇게 세 가지 학업의 과정이 있는 광주공고를 졸업하셨습니다.

　　친구와 해병대를 지원했다가 달콤한 속임수(?)에 속아 북파공작원으로 입대, 5년간 상상할 수 없는 특수 업무들을 수행했다고 합니다. 국군의 날에는 대한민국 군인으로써 인정받지 못하며 유일하게 쉬지 못하는 군인들이었으며, 5년 동안 군복과 태극기를 볼 수가 없었고 오직 북한 인민군복과 북한 인공기, 그리고 북에서 나오는 선전가만 5년 동안 입고, 보고, 듣고 했었다가 무사히 제대했다고 합니다. 경찰특공대(특전사, 해병대, 북파공작원, UDT출신들)에서 근무, 제대할 때는 그 구성원이 제대 후 3명 이상 모이면 국가보안법 위반으로 어떠한 처벌도 받겠다는 서약을 할 정도입니다.

　　그 정도로 최정예 특수부대 출신으로 그 후로 산전수전을 겪어

내시다 결국 10년 만에 거제시로 내려와 스캐폴더, 족장 일을 시작하여 지금의 하성기업 대표가 되셨습니다.

가장 존경하는 분이 안중근 의사이시며 태극기를 가장 좋아하십니다. 사랑하는 아내, 그리고 슬하에 자녀들은 큰아들(22), 작은 아들(18), 막내딸(16)이 있으며, 작은 아들과 고등학교 졸업 전까지 국내 4대강을 자전거로 종주하는 것이 목표라고 하십니다. 지금 한강, 낙동강, 영산강은 완료했고 마지막 남은 금강에 가서 종주를 달성하실 의지를 불태우시는 모습이 돋보이십니다.

회사 일에 대해서는 항상 최고이기를 원하시면서 그렇게 하려고 최선을 다하십니다. 임직원들에게 국내 스캐폴딩 업체에서만큼은 최고의 대우를 해주고 싶다며 타 업체에 욕을 먹어가면서까지 단돈 10원이라도 더 받을 수 있게 해주신 마음을 읽을 수 있습니다.

그리고 대표님의 꿈을 들을 기회가 있었는데 그때 깜짝 놀랐습니다. 전국의 스캐폴더들이 무료로 숙박하면서 쉴 수 있는 휴양소(팬션, 게스트하우스)를 짓겠다는 것입니다. 공기, 물, 경치 좋은 곳에다 스캐폴더와 가족분들이 원하는 만큼 힐링도 하고 가족과 좋은 시간을 보낼 수 있기를 바라는 멋진 생각을 가지고 계셨습니다.

저도 그렇게 생각하지만 임직원분들도 대표님께서 지금껏 하신 말씀을 실천으로 옮기지 않았던 적이 한 번도 없었기에 저는 더욱 놀랄 수밖에 없었습니다. 절대로 쉬운 일이 아닙니다. 어떻게 숙박 시설을 이용하는데 거의 무료로 평생 이용하게 하실 생각을 하셨을까? 그만큼 스캐폴딩(족장, 비계, 발판) 일을 사랑하시고 스캐폴더(족장맨)들을 위하시는 마음이 크다고 생각했습니다. 꼭 대표님께서 꿈을 이루시길 전 직원과 함께 빌겠습니다.

나봉춘 대표님과 함께

SHI – 삼성중공업

박대영 삼성중공업 대표이사

　현재 제가 일하는 삼성중공업 조선소에 대해 이야기해볼까 합
니다. 삼성중공업을 이끄는 박대영 대표이사는 1977년 입사해 40
여 년간 현장과 개발, 기획, 관리 등 다양한 경력을 쌓으면 차곡
차곡 발판을 쌓아나갔습니다. 특히 조선과 해양플랜트 분야 공법
혁신을 주도해 조선소를 해양설비와 특수선박 등 고부가제품 중
심의 생산체제로 변모시킨 공로를 인정받아 대표이사의 자리에
오른 업계의 전설 같은 인물입니다.

　그가 지내온 삼성중공업은 1974년 설립 이후 선진 업체에게 기
술 지원을 요청하던 회사였지만 현재는 기술 로열티를 받는 혁신

적인 공법과 신제품을 개발하고 있습니다. 고부가가치 특수선 분야 세계 1위를 자랑하고 해양 시추 및 생산 설비 분야에서도 독보적인 경쟁력을 갖추고 있습니다. 그중에서도 몇 가지 기념비적인 성과를 나열해보겠습니다.

1. 96K 드릴십 시장 주도 및 표준화

1996년 미국 듀퐁그룹의 코노코사와 유전개발 전문 업체인 R&B사의 컨소시엄으로부터 국내 최초의 심해유정 개발용 드릴십을 수주한 것이 시작입니다. 2007년 세계 최초 극지용 드릴십을 성공적으로 건조 완료합니다. 스테나 사가 발주한 이 드릴십은 영하 40도의 혹한 속에서도 작업이 가능하며 해저 11km까지 시추가 가능합니다.

드릴십

대형 컨테이너선

2. 세계 최대 크기 컨테이너선 개발 선도

1990년대 중반부터 세계 컨테이너선 시장의 초대형화를 주도해서 1996년 세계 최대 크기인 8,000TEU급 컨테이너선 개발을 완료했습니다. 2002년에는 당시 세계 최대 크기인 8,100TEU급 컨테이너선 5척을 수주하였으며, 2003년에는 캐나다 Seaspan사로부터 9,600TEU급 컨테이너선 8척을 6억 8,800만 달러에 수주하는 데 이릅니다.

2006년에는 13,300TEU급, 2007년에는 16,000TEU급 선박을 세계 최초로 개발하였으며, 지난 3월에는 일본의 MOL(Mitsui OSK Lines)사로부터 20,100TEU급 초대형 컨테이너선 4척을 6,810억 원(약 6억 달러)에 수주하며 20,000TEU급 컨테이너선 시대를 열었으며, 그로부터 한 달이 지난 4월에는 홍콩의 OOCL사로부터

21,100TEU급 초대형 컨테이너선을 6척 수주하며 세계 최대 크기 컨테이너선 수주 기록을 스스로 경신했습니다.

3. 세계 최초 부유식 도크를 활용한 메가블록 탑재공법

2001년 이른바 발상의 전환으로 플로팅도크를 성공적으로 설치합니다. 그동안 선박 수리용으로만 사용해 온 플로팅도크에서 선박 건조를 시작한 것입니다. 2002년에는 기존의 블록보다 5~6배 큰 2,500톤 이상의 초대형 블록을 3,000톤급 해상크레인을 이용해 도크에 탑재하는 '메가블록(MegaBlock)'공법이라는 신공법을 개발했습니다.

이 공법의 도입으로 삼성중공업은 3개월 정도 걸리던 도크 내 건조기간을 1.5개월 이내로 절반 이상 줄일 수 있게 되었습니다. 또한, 삼성중공업은 2007년 단 2개의 초대형 블록을 결합해 한 척

메가블록 탑재공법

의 선박을 완성하는 테라블록공법을 세계 최초로 도입했습니다. 이를 통해 30척에 불과하던 연간 선박 건조량을 오늘날 60척 수준으로 끌어올렸습니다.

4. 세계 최대 사할린 플랫폼

2006년 당시 세계 최대 해양 플랫폼인 '룬스코예 A'를 건조하는데 이는 세계 최초로 육상에서 대형구조물 조립을 완료한 역사를 가지고 있습니다. 또한 플랫폼 제작과정에서 2만7천 톤에 달하는 중량물을 지상 23m 높이로 인양하는 세계기록도 수립했습니다. 일반적인 플랫폼의 경우 시추, 거주, 생산설비로 각각 분리제작 후 현지해상에서 최종 조립되는 게 일반적인 추세지만, 이 플랫폼은 거제조선소에서 '일체화 공법'으로 제작돼 해상에 설치되는 세계 최초의 신개념 플랫폼이었습니다. 그리고 2007년에는 '룬스

룬스코예 A

코예 A'보다 6,000톤 더 무거운 중량 3만 3,000톤 규모의 '필툰 B'를 성공적으로 건조 완료하며 세계 최대 규모의 '전천후 복합 해양플랫폼' 기록을 경신하기도 했습니다.

5. 세계 최초 쇄빙유조선 개발

2007년 세계 최초로 7만 톤 급 극지운항용 전·후진 양방향 쇄빙유조선을 건조합니다. 이전까지 극지방에서 원유를 운송할 시 쇄빙선이 앞에서 얼음을 깨 뱃길을 만들고 유조선이 뒤따라 가는 방식으로 이뤄져 왔지만, 쇄빙유조선은 두 기능이 결합돼 운송 효율이 높아졌습니다. 국내 조선사 중 유일하게 쇄빙유조선 건조 경험이 있는 삼성중공업은 유럽선사로부터 4만 2,000DWT 급 쇄빙 유조선 3척을 수주하며 2005년 이후 전 세계에서 발주된 쇄빙유조선 11척 중 9척을 수주합니다.

쇄빙유조선

LNG선 화물창

6. LNG선 화물창 조선업계 첫 독자 개발

2011년에는 조선업계에서 최초로 멤브레인형 LNG선 화물창의 독자모델을 개발합니다. 이 LNG 화물창은 멤브레인형상 개선과 2차 방벽 재질개발, 초단열 신소재적용 등으로 기존 멤브레인형 화물창에 적용된 기술을 향상해 안정성과 기밀성, 운송효율을 동시에 끌어올렸습니다.

7. 세계 최초, 최대 FLNG-FPSO선

FLNG-FPSO선을 만드는 곳에 제가 근무하고 있습니다. 2009년 삼성중공업이 세계 최대 에너지기업 로열더치셸 사에 15년간 최대 500억 달러 규모의 LNG-FPSO선을 독점 공급하는 계약자로 선정되어 이 선박을 만드는 것입니다,

2013년 12월 최초의 LNG-FPSO인 '프리루드'의 진수를 성공적으로 완료했습니다. '프리루드'는 진수 당시 중량은 약 20만 톤을 기록했고 LNG탱크를 가득 채우면 약 60만 톤까지 이르게 됩니다. 한편 2014년 7월 쉘 사로부터 5조 2,724억 원 규모의 LNG-FPSO 3척을 추가 수주하는 등 독보적인 기술력을 자랑하고 있습니다.

　　이렇듯 삼성중공업은 지난 42년간 역사를 차곡차곡 쌓아 올려 세계 조선해양산업을 선도하고 있습니다.

FLNG-FPSO선

대한민국 조선소는
위대했다

삼성중공업이 우리나라 조선업계에 매우 중요한 역사적 기점을 남기긴 했으나 이것만이 우리나라 조선업 역사의 전부가 아닙니다. 여러분들께서도 거대한 공장과 같은 곳이 바닷가에서 쉴 새 없이 돌아가는 것이 신기하기도 하고 어떤 과정을 거쳐서 이런 곳이 만들어졌는지 궁금하시리라 생각합니다. 그렇다면 우리나라 조선업이 어떻게 발전을 했는지 함께 보시면 어떨까요?

대한민국 조선업사(史)

조선업은 해운업, 수산업, 군수산업 등에 사용되는 각종 선박을 건조하는 종합 조립산업으로서 관련 산업에 대한 파급효과가 매우 큽니다. 건조공정이 복잡하고 구조물 제작상 자동화에 한계가 있어 적정 규모의 기능 인력의 확보가 필요한 노동집약적 산업이면서 고도의 생산기술을 필요로 하는 기술집약적 산업이기도 합니다. 또한 대형 설비를 이용하므로 막대한 시설자금과 장기간 선박 건조에 소요되는 운영자금도 필요한 자본집약적 산업이기도 합니다.

세계 단일시장에 생산성과 국제 기술경쟁력만 확보되면 수출 전략산업으로 아주 적합하기에 우리나라는 과거 제2차, 제3차 5개년 계획에서 집중 육성키로 한 후 국내에 뿌리내려서 우리나라 산업발달을 이끌게 됩니다.

역사적으로 길이 빛날 이순신 장군의 거북선을 비롯해 우리나라는 뛰어난 조선기술을 가지고 있었습니다. 이를 시대 순으로 정리해보도록 하겠습니다.

1. 고대부터 해방 전까지

통일신라시대 장보고가 독특한 조선기술로 동아시아 제해권을 장악하고, 임진왜란 당시 거북선을 제작한 것은 세계 조선사에 빛나는 업적이다. 그러나 국력이 쇠약해져 우리의 조선기술은 답보 상태에 머무르고 결국 일제 강점기 동안 기술적 발전이 없었다. 당시 국내에는 조선기술에 관한 교육기관이 하나도 없었으며 조선기술자와 기능공도 전무한 시절이었다.

1930년대 만주사변을 일으킨 일제가 한반도를 공업화시키기 위해 조선소의 수를 늘려 1945년까지 56개로 급증한다. 근대적 의미의 조선소는 1929년 방어진 철공소로 볼 수 있다. 이후 1937년

1956년 조선 모습

지금의 한진중공업의 전신인 조선중공업이 설립되어 소형 철선을 건조하였다.

1942년 5월 기업정비령이 공포됨에 따라 1942년과 1943년에 걸쳐 조선소가 통합되었으며 계획조선이 실시되어 1942년에 66척(6,990GT), 1943년에 269척(25,310GT), 1944년에 124척(15,960GT)이 건조되었다.

1945년 해방 당시 남한 내에는 조선소의 조선능력은 19,100GT 정도에 불과하였다. 이들은 대개 소규모 철공소에 지나지 않는 시설과 오래된 장비를 갖추고 있어서 대부분의 업체가 목선 및 소형어선 수리에 의존하였다.

2. 50년대

1950년대의 우리나라 조선업체는 국영 조선소인 대한조선공사와 여타 영세한 다수의 민간업체로 구성되었다.

하지만 당시의 조선업은 엔진은 물론 기자재와 의장품에 이르기까지 대부분을 수입에 의존해야 하는 실정이어서, 정부는 1958년 3월 조선공업육성 및 해운·수산업 진흥을 위해 조선장려법을 제정하여 건조비의 40% 이내에서 정부가 보조금을 지급하며 융자는 50% 이상 할 수 있게 하였으나, 예산부족으로 소기의 성과를 거두지 못하였다.

당시 정부에서는 조선 산업의 중요성을 통감하였으나 조선소의 건설을 민간업체에 기대하기는 어려워서 국영 조선회사를 설립하는 시책을 펴게 되었다. 1950년에는 이전의 조선중공업의 시설을 토대로 대한조선공사를 설립하였는데 1955년에는 ICA 등 원조자금을 들여 대한조선공사의 시설을 확장하여 그나마 근대화된 조선소로서의 면모를 갖추도록 하였다.

또한 1954년에는 선박수리를 외국에 의존하지 않도록 대선조선철공소에 산업부흥국채 자금을 융자하여 38,000톤급 드라이도크 _(109m, 19m, 7.7m) 1기를 축조하여 연간 총 150,000톤의 선박을 수리할 수 있게 되었다. 그리고 원조 및 차관자금을 이용하여 7개 소규모 민간기업의 조선시설을 확충하였다. 1955년에는 산업부흥국채 자금으로 방어진철공조선 등 8개 사에 시설자금을 융자하여 시설복구와 증설을 기했다.

1950년대의 조선업체 수는 계속 증가하여 1959년도에는 198개로 해방 당시 56개에 비해 3.5배나 많았다. 1945년 19,000톤의 조선 건조실적은 1953년에는 15,000톤으로 줄었으나 1957년에 20,000톤, 1961년에 45,000톤으로 조금씩 늘어났는데 건조된 선박들은 대부분 소형 목선이 주종이었다.

1946년 서울대학교에 조선항공학과가 신설돼 기술 인력을 배출

하기 시작했는데 1950년대 말에는 100~200GT 급 선박을 독자적
으로 자체 설계할 수 있게 되었다.

3. 60~70년대

정부는 2차 경제개발 5개년 계획기간인 1967년 조선공업진흥
법을 제정하여 70년대 이후 우리나라 조선업 발전을 위한 기반을
마련하게 되었다. 기술적으로는 표준형 선박의 설계를 제정하고
기존의 목선을 강선으로 개량하도록 장려하였다. 1962년 조선소
중 가장 규모가 큰 대한조선공사는 3,000톤 급 선대 3기를 갖추고
있었으며, 이외에 부산조선공업, 대선조선철공소, 대영조선철공
소, 방어진조선철공소, 대림조선소, 조선기계제작소 등이 있었다.

이 시기에 조선기술은 목선 건조에서 강선 건조로 추세가 바
뀌고 있었으며 블록 건조방식이 처음 도입되고 있었다. 1966년
대한조선공사가 자체 기술로 건조한 2,600GT 급 화물선이 최초
로 미국선급협회의 검사
에 합격했으며 1969년에는
250GT 급 참치어선 20여 척
을 대만에 수출하는 등 해
외 시장 개척의 계기를 마련
하였다.

1960년대 말에는 선박의
국내 자급도가 10~20% 수

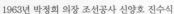
1963년 박정희 의장 조선공사 신양호 진수식

준으로 저하되어 조선소의 시설 확장이 요구되었다. 당시에는 세계적으로 선박의 대형화가 진행되던 추세였는데 최소 10만 톤 급 이상의 선박 건조능력을 갖춘 조선소가 필요하였다. 부산 영도에 위치한 대한조선공사는 1968년 민영화가 되고 자본금을 증자하면서 시설을 확장하여 12,000톤 급 도크를 6만 톤 급 도크로 확장하고 새로 6만 톤 급 도크를 2개 더 확보하였다.

1960년 후반부터는 경제개발에 가속이 붙자 중화학공업에 대한 대대적인 지원과 육성이 시작되었다. 1970년까지 우리나라 조선 사업의 중추적 역할을 해온 대한조선공사의 시설규모를 능가하는 대규모 조선소 건설계획을 현대건설이 세우게 되고 1970년 9월 사업신청을 하면서 현대조선소가 탄생하게 되었다.

처음 계획은 10만 톤 급의 도크를 확보하는 정도였으나, 당시 세계 조선시장에서 대형 유조선의 수요가 많았고 정부도 국제 규모의 조선소 건설을 경제개발의 핵심 중 하나로 적극 육성하려는 의지가 있었기 때문에 조선소 건설계획을 완전히 바꾸어 최대 건조능력 50만 톤 급의 시설을 갖추어 연간 26만 톤 급 VLCC 5척을 건조, 전량 수출하는 것으로 하여 1972년 3월 조선소의 기공식을 가지게 되었다.

1972년 대한조선공사

그러나 건설공사가 진행되면서 규모는 더욱 커져서 최대 건조 능력이 70만 톤 급으로 확대되었고 1차 공사가 진행되고 있는 중에도 정부의 장기 조선공업 진흥 계획에 따라 시설능력을 확대하여 100만 톤 급 유조선을 건조할 수 있는 조선소로 확장하는 공사가 병행되어 결국 900m, 560m 길이의 도크를 새로 확보하고 450톤 골리앗 크레인 4기를 갖춘 세계 최대의 조선소로 등장하게 되었다.

이후 1975년에는 선박수리 전문의 현대 미포조선이 설립되었으며 1974년 삼성조선(지금의 삼성중공업)이 착공되어 1979년 완공되었다. 대우조선(지금의 대우중공업)은 1973년 대한조선공사에서 설비확장을 위해 거제도에 건설하던 중 원유가 폭등으로 인한 건설비 상승으로 완공이 지연되면서 대우그룹에 인수되어 1981년 완공되었다.

현대조선의 출현으로 1974년에 설비능력 100만 톤을 돌파하게 되며 1970년대 말에는 280만 톤에 이르렀고 건조량에서는 1974년에 VLCC(초대형 유조선) 건조로 56만 톤을 기록한 후 계속 60~70만을 유지함으로써 세계 상위권을 유지하였다. 1976년 정부가 해운·조선의 연계 육성을 목적으로 '우리 선박은 우리 조선소가 건조', '우리 화물은 우리 선박으로 수송'이란 슬로건을 내걸면서 시작한 계획조선사업도 기반이 취약하던 우리 해운·조선 산업이 성장하는 밑받침이 됐다.

이렇듯 1970년대 전반에는 현대, 삼성, 대우조선소 건설로 경쟁력 있는 규모를 갖추는 시기였으며 한편 시설 확장에 대한 정부의 금융지원과 계획조선사업 및 연불수출제도의 실시 등 정부의 각종 정책이 조선 산업 발전에 지대한 공헌을 한 것으로 평가된다.

4. 80~90년대

해운 및 조선경기 침체가 계속되던 1980년대 초에 대우조선, 삼성조선 등 대형 조선소가 준공되고 시설능력을 대폭 확장하면서 금융비용 및 감가상각 부담, 지속적인 원화절상 등으로 큰 어려움을 겪다가 마침내 1989년 조선산업합리화라는 정부의 비상조치까지 이어지는 상황을 맞는다.

정부는 1985년에 공업발전법을 제정하여 시행하게 되는데 조선산업을 구조적인 불황산업으로 보고 각종 지원제도를 폐지하는 등 구조조정을 추진한 것이었다.

그러나 1987년 이후 세계 조선경기가 점진적으로 회복, 조선업계의 경영상태가 점차 개선되고 있음에도 불구하고 80년대의 장기 불황의 여파로 국내의 일부 조선업체는 국제 경쟁력이 떨어지

1980년 삼성조선 죽도공업기지

게 되었다. 정부는 조선업체의 대량 실업사태와 국민경제에 미치는 영향을 감안하여 1989년 8월 조선산업합리화 조치를 시행하였다.

이 시기가 한국 조선 산업사에서 가장 부침이 대비되는 시절이었다. 이 기간 중 한국 조선의 산 역사라고 자부하던 대한조선공사가 매각되어 1990년 한진중공업으로 바뀌었으며 대우조선을 중심으로 금융 및 세제를 지원하는 파격적인 조치가 이어졌다. 우리나라는 이 시기에 다른 국가들이 모두 불황으로 조선소를 폐쇄할 때 오히려 시설과 규모를 확대해 세계 조선시장 점유율이 크게 높아지면서 호황기를 맞아 더 큰 성장의 발판을 마련했다.

5. 90년대부터 현재

1980년대는 산업합리화로 엄청난 고통을 받으면서 조선업체들이 부실기업의 대명사로 각인된 시절이었다. 그러나 1990년대는 우리 조선 산업 사에 또 한 번의 큰 획을 그은 시기로 평가받는다. 1990년대에 들어서면서 해운시황이 호황을 보이면서 선박건조도 활발해져 조선 산업이 오랜만에 호황기에 접어들었다. 1992년으로 조선 산업 합리화 시효가 끝나면서 삼성중공업, 현대중공업, 한라중공업, 대동조선 등 중대형 조선소들이 앞다퉈 조선시설 확장에 돌입해 연간 건조능력이 500만 톤에서 800만 톤으로 크게 늘어났다. 거의 모든 조선소에서 채산성이 개선되고 경쟁력이 회복되고 흑자경영으로 반전되었다.

국내 조선업계는 시설을 확장한 조선소를 중심으로 공격적인 영업을 하면서 지난 1993년에는 951만 톤으로 사상 처음 선박 수주량 세계 1위를 기록하기도 하였다. 그 후 일본의 강력한 견제를 받으면서도 세계 조선시장에서 일본을 견제할 수 있는 유일한 조선국으로 확고한 자리매김을 한 시기였다. 그리고 짧은 기간 동안에 기술수준도 높아져 1990년대 들어 업계는 과거의 산물선(Bulk Carrier)이나 유조선 등 전통적으로 우리가 대량 수주를 받아온 선종에 이어 액화천연가스(LNG)선, 초대형 컨테이너선 그리고 부유식 석유시추선(FPSO) 등의 고부가가치 선박의 수주가 눈에 띄게 늘어났다. 최근에는 고속 페리와 호화유람선 시장에도 진출하고 있다.

1997년 외환보유고의 부족으로 국제통화기금(IMF)의 지원을 받는 어려움 속에서도 국내의 조선 산업은 세계적 수준의 경쟁력을 바탕으로 외화 획득에 힘써 외환위기를 조기에 탈출하는 데 큰 역할을 하였다. 1999년 선박 수출로 벌어들인 외화는 50억 불을 넘는 수준이었다.

현재 우리나라 조선 산업의 국제 경쟁력은 중국, 일본과 함께 세계 최고 수준이라고 말할 수 있다. 90년대 후반에 접어들면서 엔화의 상승과 우리의 생산성 향상은 한국 조선 산업의 경쟁력을 더욱 높여주었다.

2016년 들어 조선업이 다시 불황의 터널에 진입한 상황이다. 그 첫째는 중국의 급부상, 둘째는 2008년 서브프라임 사태 이후 한때 배럴당 석유가격이 100달러가 넘던 시절을 지나 배럴당 35~45달러 사이로 반 토막이 난 상황, 마지막 세 번째는 해운업 자체의 불황이다. 조선경기가 빨리 회복되면 조선업이 다시 세계 1위로 우뚝 서서 한국 경제의 버팀목, 대들보가 되리라 생각한다.

사랑의 미학
(the Aesthetics of Love)

푸른 꿈 (Fulfilled Dream)
13×11×50cm, Bronze, 2012

나는
스캐폴더다

"삼족 60장, 이족 40장, 삼빠 80봉, 이빠 40봉 올려라!"

여러분, 무슨 말인지 아시겠습니까? 이 말들은 스캐폴더, 족장
맨들만 아는 은어들입니다.

근무 현장에서의 내 사진

업무현장에서 삼족은 3m 족장(비계), 삼빠는 3m 파이프를 뜻하는 줄임말들을 쓰곤 합니다. 덧붙여 노랭이, 닭발, 깔깔이 등 많은 현장 용어들이 있지요.

스캐폴더, 족장, 비계 모두 생소하실 것입니다. 정식으로 자세히 소개를 하자면 Scaffolder(족장)는 우리나라에서 정식명칭으로 비계(飛階)라고 하는 것을 설치하는 일입니다. 건축공사나 선박공사를 할 때에 높은 곳이나 각 위치에 필요한 일을 할 수 있도록 설치하는 임시가설물을 짓는 것이 바로 그것입니다.

재료운반이나 작업원의 통로 및 작업을 위한 발판으로 활용하는데 재료로는 통나무비계(지금은 거의 사용치 않는다), 나무비계, 파이프비계로 나뉘고, 용도 면에서 외부비계, 내부비계, 수평비계, 달비계, 간이비계, 사다리비계 등이 있습니다. 공법 면에서 외줄비계, 겹비계, 쌍줄비계가 있고 그 밖에 발돋움비계, 특수비계가 있습니다. 조선소에서는 다음의 사진과 같은 비계를 사용하고 있습니다.

조선소에서 사용하는 비계

삼성중공업 내 협력업체 중 족장전문 업체는 7개입니다. 제가 근무하고 있는 하성기업이 그중 한 곳이지요. 스캐폴

족장맨 현장

더는 맨 처음 아무것도 모르는 상태에서 입사를 하는 경우가 대부분이기 때문에 첫 출근한 날부터 일주일간은 뒤에서 어떻게 하는가를 지켜보는 수습기간으로 정해져 있습니다. 그러면서 하나씩 하나씩 배우는데 아주 바쁠 때 입사한 사원 같은 경우는 입사 첫날부터 너무 힘들다고 바로 회사를 그만둬 버리는 일이 가끔씩 있을 정도로 힘든 일입니다.

3m(무게 약 20kg), 2m(무게 약 13kg), 1.5m(무게 약 10kg)하는 족장들을 400장에서 500장 정도를 손치기(손으로 옮기는 일)하는 일을 겪으면 몸이 힘들기에 그만 나가떨어지는 일이 발생하는 것이지요.

그렇지만 스캐폴더는 대부분이 아이언 맨입니다. 처음 입사해서 강인한 정신력, 체력, 그리고 강한 책임감과 그날그날 맡아서 해야 할 일에 대한 투철한 사명감은 저 또한 여기 와서 배운 것

높은 곳에서 근무하는 족장맨

중 하나입니다. 사방이 철골구조물로 이루어진 현장에서 일에 몰두하다 보면 입사 초기에는 머리끝부터 발끝까지 온몸이 상처투성이가 되곤 하지만, 점점 경력과 노하우가 쌓이면 다치는 일이 거의 일어나지 않습니다. 또한 자기가 그날 해야 할 일을 마무리한 후에는 뿌듯함과 저희 족장맨 아니면 할 수 없는 일을 했기에 성취감과 자부심이 생기곤 합니다.

우리들이 오전에 출근해서 가장 먼저 하는 것은 바로 아침체조입니다. 외국인 감독관, 선주관계인들, 외국 근로자들이 가장 인상적이고 세계 최고의 조선업체 선두주자가 한국이 될 수밖에 없는 첫 번째 이유로 꼽는 것이 바로 근무 전 모든 직원이 체조를 하는 것입니다. 굳은 몸을 이완시켜주기 때문에 아침체조 시스템은 참 잘 만들었다고 생각합니다.

그 다음에 출근자 인원 파악이 끝나면 그날 업무 내용을 반장님이 각 조장들에게 전달하고 나서 작업 현장으로 향합니다.

그런데 우리 족장맨들은 업무상 특별한 것이 하나 있습니다. 작업현장이 정해지면 현장 주변에는 저희가 펜스를 쳐서 다른 근무자가 그곳을 절대 왕래하지 못하게 철저하게 봉쇄하는 것입니다. 삼성중공업 현장에는 약 4만 3천 명이 넘는 근무자가 각자 맡은 바 업무를 하고 있는데 용접사, 배관사, 취부사, 도장(페인트), Power man, 전기 등 다양한 분야의 많은 업체 근무자들이 다 근무하고 있더라도 족장 설치 또는 해체를 한다고 전달되면 그곳의 근무자들은 100% 철수를 합니다.

그리고 족장 근무지역 주위에서 다른 사람들이 가까이 다가올 수 없도록 신호수가 배치됩니다. 실제 있었던 이야기인데 족장을 해체하던 어느 날, 삼성중공업 대표이사님께서 현장을 방문하셔서 펜스를 쳐 놓은 곳 안으로 들어오시려고 하는 것이었습니다. 그때 그곳을 지키던 신호수(Watch man)가 "이곳은 족장맨 외에는 누구도 들어올 수 없습니다."라고 말하며 단호하게 제재를 했답니다. 그 신호수는 나중에 우수사원으로 포상을 받게 되었습니다.

이처럼 대표이사님도 들어올 수 없는 공간으로서 족장맨들이 일하는 곳은 항상 위험이 도사리고 있다고 생각하시면 됩니다.

'족장은 촛불이다.'라고 지구상에서 제가 처음으로 언급하는 바입니다. 왜 족장이 촛불일까요? 살신성인(殺身成仁)으로 내 몸을 태워 주위를 밝히고 나보다는 남을 배려하는 마음을 갖자는 것이 촛불이 주는 의미라고 생각됩니다. 이런 헌신적인 행동은 오랫동안 희생과 봉사의 상징이 되어왔습니다.

지구상에 세워져 있는 모든 건물이 족장이 있었기에 세워질 수 있었고 앞으로도 족장이 있어야 건물이 세워질 수 있습니다. 63빌딩을 세울 때 1층부터 63층이 바로바로 세워질까요? 아닙니다. 1층부터 63층까지 올라갈 수 있는 발판, 즉 계단과 길이 필요하고 높은 곳에서 일하는 기술자들이 안전하게 일할 수 있는 공간을 창출하는 것이 바로 저희 스캐폴더, 족장맨들이 하는 것입니다.

입사 첫날 카리스마 넘치는 첫인상을 준 최성주 반장님도 그러한 말씀을 하신 적이 있습니다. 특전사 출신에다가 특유의 검정 선글라스, 까무잡잡한 피부까지 시간이 지나도 여전한 모습 그대로 지금도 함께 근무하며 우리를 이끌고 있습니다. 다른 반장님도 그렇지만 거의 완벽한 정석을 추구하는 최성주 반장님은 유독 반원을 잘 챙겨주시기도 합니다. 족장 경력이 10년을 넘긴 고수이신 최성주 반장님도 족장맨의 의미를 그렇게 말씀해주셨습니다. 족장은 촛불처럼 자기 몸을 태워 남들에게 꼭 필요한 빛을 남기고 결국 사라지듯이 다른 사람(용접, 전기, 페인트, 배관 외)들이 고소(높은곳) 작업, 안전작업 및 위험지역에서 안전하게 업무에 임할 수 있도록 다리(공간)을 만들어주는 역할을 하고, 나중에 유조선, LNG 선, FLNG선 등 모든 선박들이 100% 완성되었을 때는 그 선박만 남고 마지막엔 족장이 철거되어 없어지는 과정들이 꼭 촛불이 하는 일과 같다고 생각합니다.

스캐폴더로 일하며 개인적으로 변화한 것을 느낀 것이 있습니다. 처음 들어올 당시에 제가 40대 중후반이었습니다. 일반적으로 우리나라 40대 중후반 남자는 몸이 특별히 관리하신 분을 제외하곤 배가 약간 나오고 근력이 떨어져 약간 볼품이 없어보이곤 합니다. 저도 물론 그때는 그랬습니다. 그런데 업무를 시작하면서 온몸의 정맥들이 살아 움직일 정도로 몸이 건강해졌습니다.

하성기업에서 Scaffolder로 근무한 이후부터 변한 손등

또한 하체는 태릉선수촌에서 운동하는 국가대표들과 비교해도 손색없을 정도로 근육질로 변해 장딴지의 힘과 하체 자체의 근력이 엄청나게 좋아졌습니다. 예를 들자면 입사 전에 오래 서 있어도 불과 30분에 지나지 않을 정도로 오래 서 있지 못하고 허리가 아팠는데, 『왓칭』이라는 도서의 저자 김상운 작가가 언급한 것을 실천에 옮기면서 전반적으로 변화를 느끼기 시작한 것입니다. 바로 '노동이 아니고 운동이다.'라고 생각하는 것이지요.

현장에서 2시간 서 있는 건 기본이고 3~4시간은 거뜬하게 버틸 정도로 허리 근력도 좋아졌고, 상체 근력도 족장(4m, 3m, 2m 등)과 파이프(4m, 3m 등)를 운반하며 '나는 지금 하체와 허리, 상체, 이두박근, 삼두박근, 어깨근육 운동을 하고 있는 거야!'라고 머릿속에 반복적으로 새기면서 업무를 하니 확실히 피로를 느끼기보다는 몸이 좋아지고 마음이 긍정적으로 되는 것을 더 느꼈습니다. 자세한 내용은 뒤에서 더 다뤄보도록 하겠습니다.

도자 공예작품 「홍목련과 동화 속 소녀」

영구리 형

　우리나라 3대 조선소인 삼성중공업, 현대중공업, 대우조선해양
에는 우리나라 사람이 대부분 일하지만 상당수의 외국인들 또한
근무하고 있습니다. 여러 나라에서 온 외국인들이 근무하고 있지
만 그중 체격조건이 월등하게 좋은 사람들이 우즈베키스탄 사람
들입니다. 우즈베키스탄은 경제 여건이나 국민성이 우리나라 70
년대 수준이고 러시아에 의해 합병되었다가 1991년 12월 독립을
선언한 나라이지요.

　아직 발전이 덜 된 개발도상국이어서 우리나라로도 일을 하러
우즈베키스탄 사람들이 많이 오고 있는데 그중 저와 함께 일하고
있는 사람들도 꽤 됩니다. 특히 압둘라 파르호드는 저와 무척 친
하게 지내는 사람입니다. 34살이고 아이가 셋 있으며 아주 건강

매월 우수사원 시상식에 유일하게 뽑히는 외국인 압둘라 파르호드 가장 좌측

하고 근육질인 최고의 일꾼입니다. 하성기업에서 모르는 직원이
없을 정도로 족장 업무를 비롯해 대인관계도, 호감도도 최고이며
우즈베키스탄의 좋은 이미지를 퍼뜨리는 마스코트라 불릴 만한
친동생 같은 사람입니다.

　압둘라 파르호드는 한국으로 비즈니스 비자를 받기 전에 우즈
베키스탄의 사마르칸트(우리나라의 부산에 해당하는 도시로 인구 40만 명)에서 아
버지가 운영하는 종합대형마트에서 근무하고 있었답니다. 그러
다가 삼성중공업 협력업체에서 근무하다 2달간 우즈베키스탄으
로 휴가차 왔던 친구가 권유를 하자, 나중에 한국과 우즈베키스
탄 간 무역거래를 하는 무역인이 될 생각도 갖고 있던 그는 돈도
벌고 한국말도 배울 겸 삼성중공업에 입사하게 된 것입니다.

　2013년 입국해서 하성기업에 근무하는 전도유망한 젊은 친구

압둘라 파르호드는 아침에 일찍 출근하면서 나를 볼 때 "영구리형"이라고 하면서 반갑게 다가와 우즈베키스탄식 인사를 하곤 합니다(오른쪽으로 안고 왼쪽으로 안고 팔목을 맞대는 인사). 저에게 왜 영구리 형이라고 하냐면 우즈베키스탄 사람의 구강구조상 제 이름인 영일을 발음하기가 힘들어 하기 쉬운 발음인 '영구리' 형으로 부르는 것입니다.

그러면서 항상 얼굴에 미소를 지으면서 "잘 지냈습니까? 형님?"이라고 하면서 연신 "좋아요~"를 말하는 긍정적인 모습을 보입니다. 출근해 있는 선후배 근무자들에게도 먼저 다가가면서 아침인사를 건넵니다. 그럴 땐 우리도 파르호드에게 배운 우즈베키스탄 언어로 "살라말리구(안녕하십니까?)"하고 인사해줍니다. 그리고 파르호드는 답변인 "말리구살라"라고 하며 반갑게 인사를 합니다.

파르호드는 아침 인사에서 알 수 있듯 아주 싹싹한 성격입니다. 덤으로 잘 생기기도 했습니다. 177센티미터의 키에 85킬로그램의 건장한 체격, 우즈베키스탄에서 배운 킥복싱 덕택인지 아주 민첩하고 파워도 상상을 초월합니다.

족장(Scaffolding) 일은 어렵고 위험하고 힘이 많이 들어가고 장시간(한 달에 평균 350시간 이상 근무) 일하며 높은 곳에서 근무가 많아 추락할 확률이 아주 높은 고위험 직업군입니다. 또한 족장(3m, 2·5m, 2m, 1·5m)을 아파트 10층 정도의 높이에 보통 400장 이상씩 올려야하는데 이때는 각 층에 한사람 씩 대기하다가 층마다 올려주는 족장을 릴레이식으로 받아서 올려주는 작업을 하는데 저희들끼리 일명

'손치기'라는 용어로 부르고 있습니다.

이 손치기 작업 중 가장 힘든 포지션이 바로 바닥에서 족장을 들어 힘껏 윗사람에게 전달하는 것인데 손치기를 하면 파르호드가 맨 먼저 그 위치에서 준비하다가 족장을 올려주는데 거짓말처럼 400장의 족장을 올리는 동안 표정 하나 안 변하고 마지막까지 흐트러짐이 없어서 위에서 함께 근무하며 내려다볼 때 탄성이 절로 나옵니다.

제가 하성기업에 처음 왔을 당시 모든 것이 낯설고 어렵기만 해 힘들었고, 퇴근시간 이후 잔업으로 10시 반까지 일할 때면 몸은 파김치가 되어 있었습니다. 그날도 조를 나눠 3명씩 3m 족장을 어깨와 두 손으로 옮기고 있는데 그때 파르호드가 "영구리 형님~" 하면서 나타나 3m 족장을 가볍게 들어 사뿐사뿐 제 몫까지 옮겨주는 것이 아닙니까?

그때 기분은 정말 천군만마를 얻은 기분이었습니다. 하루 종일 온몸으로 힘을 쓰는 일을 하고 잔업까지 진행하면 정신력과 체력이 이미 바닥을 향해 있을 텐데도 파르호드가 배려해주는 마음을 보여줘 정말 마음이 깊구나 하는 것을 느낄 수 있었습니다.

이렇게 파르호드는 상대방을 배려할 줄 알며, 독실한 무슬림이기도 합니다. 점심식단에 돼지고기가 나오면 그날 점심은 굶는 날입니다. "모든 것에는 예외가 있지 않나? 그렇다고 왜 돼지고기를 안 먹어? 얼마나 맛있는데~"라고 딴지를 거는 사람이 있을 법도 합니다. 그러나 무슬림은 율법상 돼지고기를 먹지 않지요. 특

히 잡식성 동물이나 병든 동물을 잡아먹을 수 있는 맹수를 잡아
먹지 않는다고 합니다. 개나 돼지의 경우 대변이나 음식찌꺼기도
먹을 수 있기 때문에 더더욱 식용에 부적합한 것이라고 파르호드
가 아주 심각하게 이야기한 적이 있습니다.

그러던 어느 날 파르호드가 퇴근하면서 "영구리 형! 거제 시내
에 우즈베키스탄 레스토랑 '이스트클라우드'에 초대하고 싶다."라
고 말하며 함께 식사를 권하는 것이 아닙니까?! "아주 괜찮아요~"
하는 애교 섞인 말과 함께.

제가 평소에 우즈베키스탄 동생들을 조금씩 더 챙겨주긴 했습
니다. 초콜릿, 사탕, 과자 등을 개인적으로 사와서 저희 반에 있
는 우즈베키스탄 동생들 특히 파르호드, 시로지딘, 무하마드, 쉐
리 등을 조금씩 더 챙겼었습니다. 사랑하는 부모와 아내, 자식들
을 두고 머나먼 이국땅에 와서 힘들게 돈을 벌어 가는데 그 착한
심성을 보면 아무래도 마음이 편치가 않았고, 내가 우즈베키스탄
언어를 배우려고 귀찮을 정도로 묻고 또 물어가며 충분히 서로가
챙겨줄 수 있는 사이가 된 것이라 생각했습니다.

그 마음이 감사하여 저는 고맙게 초대에 응했습니다. 삼성중공
업은 매주 수요일을 가정의 날로 정해 그날은 오후 5~6시에 잔업
이 없이 퇴근해 사랑하는 가족과 시간을 함께 보내라는 좋은 취
지를 가진 캠페인을 하고 있습니다. 그래서 저도 수요일에 약속
날짜를 잡고 그날 삼성중공업 정문 앞 장평오거리에 있는 우즈베
키스탄 전문 레스토랑은 '이스트클라우드'에 찾아갔습니다. 이미

그곳은 우즈베키스탄 사람들이 삼삼오오 모여 즐겁게 식사를 하고 있었습니다. 파르호드는 반가운 얼굴로 "영구리 형~"하면서 손을 흔들고 맞이해주었습니다. 조드나 시로지딘처럼 반가운 동생들도 먼저 와서 자리 잡고 있었습니다.

우즈베키스탄의 주식은 논이라고 부르는 빵으로 러시아어로 리뾰시까라고도 합니다. 그리고 쇠고기, 양고기, 닭고기를 많이 먹습니다. 그래서 우즈베키스탄 사람들이 힘이 세고 근육질인 것이라고 생각이 들었습니다.

저녁식사로 보드카와 샤슬릭을 먹기로 했습니다. 샤슬릭은 러시아어로 '꼬치구이'인데 쇠고기나 양고기 같은 고기와 야채, 해산물 등을 양념에 재워두었다가 꼬치에 꽂아 숯불에 고루 익히는 요리인데 러시아에서는 샤슬릭에 필요한 재료나 도구를 모두 갖

이스트클라우드에서 즐거운 식사

파르호드와 함께

추고 있을 정도로 가장 일반적으로 즐기는 음식이라고 합니다. 또한 견과류 스프, 샐러드, 전통빵, 국수, 볶음밥이 고르게 나오고 디저트로 오븐 감자구이, 우즈베키스탄 전통차도 나왔습니다.

외국풍의 새로운 음식을 저는 아주 좋아합니다. 샤슬릭은 아주 담백한 음식이며 제가 좋아하는 특유의 향료도 섞여 있어서 맛이 일품이었습니다. 2016년 8월 여름 정기휴가를 이용해 친구의 메디컬 관련 업무를 소개하러 우즈베키스탄에 갔을 당시에 샤슬릭과 스프를 먹었을 때도 우리나라의 전문 식당에서 차린 것과 거의 차이가 나지 않을 정도로 독특한 맛과 특징을 보여주었습니다.

3박 4일 일정 중 차관급 대학 병원장이신 Chief Dr KHASHIMOV 가 저녁식사에 초대해주어 참석했는데 그때 양고기의 효능에 대해 설파하던 모습이 기억에 남습니다.

우즈베키스탄에서는 법적으로 4명의 부인을 둘 수 있는데 샤슬릭과 쌀을 야채와 볶고 양고기를 삶아 찍어 고명으로 얹은 뽈롭(오쉬)이라는 음식이 4명의 부인을 사랑(?)할 수 있게 하는 원천이라고 힘주어 말하기도 했습니다.

차관급 대학 병원장 Chief Dr KHASHIMOV와 함께

1억 이상을 버는
슈퍼맨이 되다

처음 서울에서 경남 거제로 내려왔을 땐 2년 넘게 혼자 고시원에서 지냈던 몸이라 균형 잡혀 있지 않고 지쳐 있었고, 더 말하지 않아도 내 몸의 상태가 안 좋다는 것을 알 수 있었습니다. 그러나 조선소에 와서 제 몸은 변화를 시작합니다.

지금 국내에서 일하며 건강한 몸을 만들 수 있고, 급여가 높으며 숙식을 제공하고 여가와 취미생활까지 모두 즐기며 근무할 수 있는, 그러나 입사조건이란 몸만 건강하면 되는 그런 대기업이 몇 군데나 될까요? 우리나라를 세계 10대 경제 대국으로 만들어준 국내 3대 조선소가 그중 한 곳이라고 자신 있게 말합니다. 만약 의지가 있다면 한번 도전해보시기 바랍니다!

1. 일하면서 자기 몸을 슈퍼맨으로 만들다

족장맨은 슈퍼맨입니다. 조선소에서 힘을 가장 많이 써야 하고 많이 걸어야 하며, 계단을 많이 오르내리고 지상 400m 이상의 높은 곳과 낮은 곳, 좁은 곳, 길이 없는 곳 등을 다니며 다른 사람들에게 필요한 것을 해결해주는 일을 해주기에 슈퍼맨이라고 불러봅니다. 족장맨으로서 생활 속에 사용하지 않는 근육들을 사용하며 사는 것이 얼마나 힘들고 어려울까요? 그럴 때 저에게 도움이 된 책이 바로 김상운의 『왓칭』이었습니다. 그중 일부를 보여드립니다.

– 영국 헐 대학의 마찬트(David Marchant) 교수는 사람들에게 팔 운동을 시키면서 세 가지 생각을 해보도록 했다.

방법1. 근육만을 생각한다. '아. 내 근육이 지금 열심히 움직이고 있어.'

방법2. 운동기구만을 생각한다. '이 운동기구는 참 편리하게 만들어졌단 말이야.'

방법3. 아무거나 생각한다. '지금 친구는 어디쯤 가고 있을까.'

그러고는 이두박근(biceps)의 전기적 활동량을 측정해보았다. 측정 결과, 근육의 움직임을 생각하는 첫 번째 방법으로 운동할 때 근육의 전기적 활동량이 가장 많은 것으로 나타났다. 즉, 근육 운동량이 가장 많았다는 얘기다. 마찬트 교수는 운동선수들이나 일반인들이 근력강화 운동을 할 때 근육을 상상하면 근육이 더 빨리 형성된다고 조언한다. 따라서 당신이 헬스클럽에서 러닝머신 위를 걸으며 신문을 읽거나 TV를 시청하는 것은 좋은 방법이 아니다. 왜냐하면 다리가 당신의 생각을 훤히 읽고 있기 때문이다.

"뭐야? 나한텐 걷게 시켜놓고 TV만 보다니!"

입장을 바꿔놓고 생각해보라. 무시당한 다리근육은 최선을 다해 운동효과를 내주지 않는다. 생각과 다리근육이 서로 따로 놀게 된다. 이 때문에 운동하고 나서도 영 개운치 않다. 따라서 운동할 땐 자신의 몸이 어떻게 움직이는지 조용히 귀를 기울여 바라보아야 한다. 그러면 운동 효과도 몇 배로 늘어나고 마음도 샘물처럼 맑아진다.

– 이는 실제로 일어난 일이다. 하버드 대학 랭거 교수가 75세 이상 노인들을 대상으로 1979년 미국 뉴햄프셔 주의 한적한 마을에서 실시한 실험과 똑같은 상황이다. 그녀는 모든 걸 20년 전인 1959년처럼 꾸며놓고 노인들의 몸이 어떻게 변하는지 살펴봤다. 당시 일주일간의 실험을 마친 뒤 노인들의 몸을 검진했던 의사들은 정말 기이한 현상을 발견하고는 혀를 내둘렀다. 특히 손가락 길이가 확연하게 길어진 것에 놀랐다.

"사람은 30대 후반부터 조금씩 척추 디스크가 닳아버리면서 키도 줄어들어요. 손가락 마디에 관절염이 생기면 손가락 길이도 짧아지고요. 그런데 불과 일주일 사이 손가락 길이가 이렇게 늘어나다니 정말 불가사의한 일이네요."

그로부터 30여 년의 세월이 흐른 2010년 9월, 영국의 BBC-TV가 랭거 교수의 자문을 받아 비슷한 실험을 해보았다. 이제는 꼬부랑 노인들이 된 20~30년 전의 인기 스타들을 한곳에 모아놓고 옛날처럼 행동하고 생각하고 말하도록 했던 것이다. 그들이 사용하는 모든 소품도 몽땅 옛날 것들이었다. 그들의 몸도 역시 변했을까?

일주일간의 실험시간이 끝난 뒤 시청자들의 눈은 토끼 눈처럼 동그래졌다. 뇌졸중으로 쓰러져 휠체어를 타고 실험을 시작했던 팔순의 여배우는 휠체어를 버리고 혼자서 걸어서 나왔다. 거동이 힘들었던 왕년에 인기 남자연예인은 무대에 나와 탭댄스를 추었다. 지팡이에 의지해야 했던 옛 뉴스앵커는 지팡이 없이 뚜벅뚜벅 무대계단을 걸어서 올라갔다.

의사들이 출연자들의 몸을 검진해보니 실제로 젊어진 것으로 나타났다. 머릿속이 온통 젊은 시절의 이미지들로 꽉 차버리면 몸도 저절로 젊어지는 것이다. BBC는 이 실험을 〈The Young Ones〉라는 제목으로 방영했다.

『와칭-신이 부리는 요술』

제가 근무하는 곳은 세계 3대 정유회사 중 한 곳인 Shell사로부터 2011년 수주(계약)한 세계에서 가장 큰 선박이자 떠다니는 액화천연가스공장인 Prelude FLNG(Floating Liquefied Natural Gas) 즉, 부유식 액화천연가스선입니다. 길이가 세계 최대인 488m, 폭 74m, 높이 110m, 중량 20만 톤입니다.

저는 새벽 5시 30분 기상 - 명상(안전한 하루를 보낼 수 있도록 기도하며, 동료
와 즐거운 하루를 보내겠다는 자기 마인드 컨트롤) - 세면 - 출근준비 - FLNG호
선으로 이동 - 현장으로 이동하는 순서를 항상 지킵니다. 출근을
하면 하네스(안전벨트)와 족장맨들만 할 수 있는 허리벨트를 착용하
고 작업 현장으로 약 2km를 걷습니다. 이때 허리를 세우고 어깨
를 쭉 펴고 약간 빠른 걸음으로 걷습니다. 여기서부터 저는 전신
운동을 시작합니다.

선박에 도착해 위로 오를 땐 두 가지 방법이 있습니다. 엘리베
이터를 타거나 걷는 것인데(약 아파트 6층 정도 높이) 보통은 엘리베이터
를 타지만 여의치 않으면 계단으로 올라갑니다.

110m 높이를 계단으로 올라가면서 앞꿈치에만 힘을 주고 오릅
니다. 하체 힘을 기르기 위해 오른다고 생각하면 계단이 짧다고
여겨질 정도로 가볍게 올라갈 수 있습니다. 이렇게 하루 3회 이상
을 오르내립니다. 식사 때는 하선을 하기 때문입니다.

20kg이 넘는 족장을 약 50m 위로 올릴 때 손치기라고 하는 작
업을 하는데 반원들이 릴레이로 각 층마다 서서 족장을 위로 올
리는 작업입니다. 100장, 200장, 300장 올릴 때는 한 여름에 작업
복들은 땀으로 온통 젖어 마치 물에 풍덩 빠졌다 나온 것처럼 됩
니다. 20kg 무게의 족장을 200장 올리면 무려 2톤을 들어 올리는
엄청난 일을 하는 것입니다!

이때 심리학자 바그가 말했던 것처럼 "우리 몸은 원하고 바라
보는 대로 변한다."는 말을 되새기며 족장을 동료에게 올리면서

"그래 난 이제부터 웨이트 트레이닝을 한다! 어깨 근육 up! 허리 근육 up! 다리 근육 up! 시키는 중이다!"를 반복했더니 점점 근육이 생기고, 몸이 만들어져 가는 것이 아닙니까?!

쇠파이프도 6m, 4m, 3m, 2.5m, 2m, 1.5m, 1m까지 다양한데, 처음엔 3m 쇠파이프 2봉을 어깨에 메고 이동하는 것도 너무 어려웠었지만 지금은 마인드컨트롤로 한 번은 오른쪽 어깨, 한 번은 왼쪽 어깨로 이동하면서 손목과 어깨 그리고 허리와 다리운동을 함께 하면서 업무에 임했더니, 온몸이 몰라보게 좋아졌습니다. 제일 좋아하는 사람은 가족들이었음을 더 말할 필요가 없습니다.

마지막으로 호선에선 오전 조회시간에 반장이 브리핑을 하는데 거의 대부분이 저희는 C Deck또는 C Deck 상부에서 업무를 시작하였습니다.

Main Deck이 호선 갑판이며, Module이 18개가 있습니다. 위층이 A Deck, A1 Deck, A2 Deck, B Deck, B1 Deck 다음이 C Deck 그리고 그 위로 각종 배관, 보일러, 환풍기, 소화관 등이 우리 육안으로 외부에서 보이는 것들입니다.

Main Deck에서 C Deck 상부까지의 약 아파트 7층 정도 높이인데 저희 본부는 A Deck에 있었으므로 하루에 C Deck 상부까지 업무 때문에 왕복 7번가량을 합니다. 이때도 맨몸으로 가는 것이 아니라 족장, 파이프, 철사 등 각종 자재를 가지고 가는데 그냥 이것이 일이다 생각하면서 계단을 오르면 하루하루가 너무 힘들어집니다. 그럴 때마다 저는 항상 "나의 몸을 단련하는 운동을 한다!"라고 마인드 컨트롤을 합니다.

많은 스캐폴더들이 입사 초기의 몸과 1년 이상 지난 몸을 비교해볼 때 근육량은 업(Up)되고, 군살과 뱃살은 빠지는(Out) 운동 효과를 볼 수 있습니다. 돈 벌면서 다이어트하고 몸짱도 되는 스캐폴더, 한번 해볼 만한 일 아니겠습니까?!

2. 3년에 1억을 쥐는 급여를 받는다

하성기업은 시급이 높게 책정되어 있고, 근무시간에 따라 월급여가 바뀌기 때문에 이 악물고 돈을 벌겠다고 생각하시는 분이라면 도전해보시기 바랍니다. 저는 조선소에서 3년 근무하는 동안 1억 이상을 벌었습니다. 우직하게 한다면 반드시 이룰 수 있는 것입니다.

시작하기 전 먼저 3년에 1억을 내 손에 쥐기 위해서는 치밀한 계획을 세워야 합니다. 우리가 예를 들어 서울에서 업무차 월 스트리트에 가려고 목표를 세웠다면 인천공항에서 뉴욕행 비행기를 예약해서 발권을 한 다음 탑승하여 뉴욕에 도착하고 금융시장의 중심지 월가로 이동하는 것처럼, 1억을 3년 안에 통장에 모아야겠다고 생각했다면 계획을 세워야 합니다. (〈3년 계획←1년 계획←6개월 계획←분기 계획←월 계획←평일 계획+주말 계획〉 여기에 덧붙여서 하루의 오전과 오후 그리고 야간(잔업)계획을 세워야 합니다.)

3. 먹고사는 걱정 없도록 숙식이 제공된다

하루의 대부분을 업무에 쏟아붓고 난 후에는 바로 피곤한 몸을 편하게 쉬게 해줘야 합니다. 그래서 조선소 대기업은 우리의 보금자리인 숙소를 무료로 제공해줍니다. 그래서 특별히 급여에서 숙소 이용료 같은 큰 금액이 빠져나갈 일이 없습니다. 협력업체 전용 기숙사나 아파트, 또는 깨끗한 원룸이 제공되어 업무가 끝나면 나머지 시간들은 내일을 위한 재충전 시간으로 쓸 수 있습니다.

또한 나봉춘 사장님께서 임직원들이 사용하는 협력업체 기숙사의 관리비를 전액 회사에서 납부하도록 해주시고 매달 5만 원의 상품권을 지급하여 기숙사 내에 편의점이나 식당을 이용할 수 있도록 해주셔서 그 어떤 협력업체도 부럽지 않습니다. 사장님의 마음으로 직원들의 사기가 하늘을 찌를 듯하며 늘 감사히 상품권을 사용하며 임직원들을 생각하시는 마음을 느끼고 있습니다.

이처럼 회사에서도 배려를 해주고 있는 만큼 급여를 잘 모으면 위에서 말씀드린 대로 3년 내에 1억을 벌 수 있는 것입니다.

나를 버티게 한 힘 1
- 오버드라이브

　새벽 5시 반에 기상하여 거의 밤 9시에 업무가 종료되고 숙소에 들어오면 10시가 다되는 일정을 3년씩이나 할 수 있었던 원동력은 무엇이었는지 아시는지요?!

　강인한 정신력? 목표의식? 집중력? 아니면 돈? 가족? 여러분이 생각하시는 것들이 모두 정답일 겁니다. 그러나 저는 '오버드라이브'라는 어마어마한 녀석이 최고의 숨은 공로자라고 자신 있게 말씀 드리겠습니다.

　강인한 정신력, 목표의식, 집중력 등 물론 저에게 큰 힘이 되었지만, 장시간의 근무시간, 현장에서 다루는 막강한 무게의 족장, 파이프들과 무거운 금속들, 그리고 항상 안전벨트(Harness)와 허리벨트(신오, 깔깔이(라쳇), Cutter, 몰반, 줄자, 스패너) 등을 근무시간에 한 몸처럼 하고 있기란 여간 힘든 것이 아닙니다. 다른 부서 근무자와는 다른

오버드라이브

허리벨트만 해도 무게가 약 6kg이 넘습니다. 그렇게 장비를 차고도 하루에 많게는 3만 보 이상을 걷는 것이 스캐폴더의 업무입니다.

자! 그럼 오버드라이브가 도대체 어떤 녀석이기에 저를 3년 동안 작업 현장에서 휠휠 날아다니는 것처럼 몸을 가볍게 해주면서 팔팔한 몸으로 업무에 임하게 해주었을까요?!

학창시절 대부분을 태권도 선수로 활동하며 운동에 대해 어느 정도 안다고 자부하건대, 스포츠 하면 세계 최강국인 미국, 그 미국의 '올림픽 위원회'가 공식적으로 선수들이 먹을 수 있는 건강 기능 식품으로 인정한 바 있습니다. 더욱 놀라운 사실은 골프 황제 타이거 우즈와 메이저리그 코리안 특급 박찬호 선수 등 프로 운동선수들이 경기 전 필수적으로 챙겨 먹은 약이 아닌 건강기능 식품이라는 것입니다.

여기서 잠시 저의 하루 일과를 소개하겠습니다.

〈 5:30 기상 / 6:10 출근(자전거) / 6:30 사내식당에서 식사 / 7:00 현장이동 / 7:40 아침체조 및 조회 / 8:00 오전 업무 시작(상상할 수 없이 많은 활동량) / 12:00 점심식사 / 13:00 오후 업무 시작 / 18:00 저녁 식사 / 21:30 야간 잔업 근무 마감 / 22:00 숙소 도착 / 22:30 열린 사이버대학 등교(부동산학과 재학, 우수 성적으로 장학금 수여받음) / 1:00 6과목

수업 이후 취침 〉

　이렇게 초인적인 하루를 보낼 수 있도록 해준 고마운 조력자가 바로 오버드라이브입니다. 오버드라이브에는 인체에 필요한 베타카로틴 및 항산화 비타민과 비타민 A, C, E가 함유되어 있어 격렬한 운동이나 업무를 하면서, 몸속 세포에 손상을 입히는 활성산소의 대량발생을 막는 강력한 항산화물질이 다량 함유되어 있습니다.

　또한 피로를 아주 빨리 회복시켜 무거운 철, 금속, 파이프 등을 운반, 설치하는 저에게는 몸이 날개 단 듯 가벼워지고 열정적으로 업무에 임할 수 있게 해주는 크나큰 효과가 있습니다. 그리고 충분한 영양공급을 해주는 데 하루를 정상 컨디션으로 유지시켜주는 '맥주효모'를 비롯한 다양한 영양성분이 포함되어 있더군요.

　복용법은 간단합니다. 피곤하시거나 잠을 자고 일어나도 졸리거나, 야근을 많이 해서 피로에 찌들어 있다거나 할 때 오버드라이브 4캡슐을 물로 꼴깍 삼키면 됩니다.

　한 가지 팁으로, 일상생활을 하시는 분들은 아침식사 전후로 2캡슐을, 운동이나 육체적 노동을 할 때는 시작 전 4캡슐, 마라톤 같이 어마어마하게 체력을 소모할 때는 시작 전 8캡슐, 끝나고 4캡슐을 드시면 몸 상태가 평소보다 훨씬 가벼워지고 기분도 좋아지는 것을 느낄 수 있으실 것입니다. 제가 2014년 4월 아들과 마라톤에 나갈 때도 이처럼 오버드라이브를 복용했습니다.

　저는 근무 현장에서 아침 식사 전 또는 바로 후에 4캡슐을, 족장을 해체(Dismantle)하는 날이면 5캡슐을 복용합니다. 오버드라이브를 식후 4알 섭취하고 난 후 조금 있으면 기분부터 아주 좋아집니다. 플라시보 효과라 말을 해야 할지 모르겠지만, 몸에 활력과 힘이 넘치는 것을 받아들여서 그런지 기분이 아주 좋아지는 것을 느낄 수 있습니다.

함께 근무하는 동료들이 "윤영일은 나와 허리 밑으로만 바꾸자!"라고 외칩니다. 10층 높이 이상의 계단을 오르내릴 때 항상 힘차게 앞장서서 걸어가는 모습을 보고 형님들과 동생, 동료들이 자주 하는 말입니다. 어떻게 밝은 모습으로 활기차게 업무에 임하는지의 비밀을 이제 말씀드리겠습니다. 바로 '오버드라이브'가 있었기 때문이었다고 여러분께 공표하겠습니다.

사랑의 미학-「기적으로 이끄는 감사」

나를 버티게 한 힘 2
– 신안한약방, 신안흑염소

저에게 큰 처형과 동서는 가장 큰 후원자입니다. 조선소에서 가장 힘들고 위험하며 사고위험율이 최고인 스캐폴더로 만 3년을 계속 일할 수 있게 도와준 후원자에게 이 자리를 빌려 감사한 마음을 전합니다.

신안한약방, 신안흑염소를 경영하시는 처형께서는 큰언니이자 맏이로서 역할을 완벽하게 하시는 모습을 보여주시는데 누구 하나 반론할 수 없을 정도로 책임감과 사랑하는 마음을 가지고 계십니다.

처형께서 직접 준비하신 민간요법과 한의학에 기본을 둔 건강보조식품으로 양파즙을 보내주시는데 무안 황토밭에서 자란 유기농 양파만을 사용해서 그런지 안심하고 먹을 수 있었습니다. 양파는 강장효과나 중금속 배출 등 좋은 효능이 있어서 양파 즙

현장에서도 챙기는 양파즙

을 선물용으로 전달하면 좋을 것 같다는 생각도 해봅니다. 100%
유기농이며 다른 첨가물이 없이 진한 맛을 내어 최고였습니다.

　두 번째로 보내주시는 것이 우리나라 사람들이 가장 많이 애용
하는 건강기능식품인 홍삼입니다. 홍삼은 추출기술에 따라 유효
성분의 이용률이 많이 차이가 나는데 물에 달인 홍삼이 아니라
통째로 갈아 넣은 홍삼을 먹어야 한다고 합니다.
　홍삼의 영양분 중 달일 때 물에 녹아 나오는 비율은 단 47.8%!
나머지 52.2%는 건더기와 함께 버려집니다. 반만 먹는다는 얘깁
니다. 아무리 기술적으로 추출을 하더라도 물에 녹지를 않으니
영양분의 50%도 못 빼낸다는 거죠.
　이런 단점을 보완해 신안한약방, 신안흑염소에서도 홍삼을 통
째 분말로 갈아 '액상화' 시키고, 추출률과 흡수율을 극대화하기

신안한약방, 신안흑염소(전남 목포시 항동6-16, 061-242-2223)

위해 입자의 크기를 세포벽을 깬(파벽) 초미세분말로 만드는데 이
때의 유효성분 추출률은 90%~95%에 이릅니다. 제가 3년째 스캐
폴더로 일할 수 있던 이유 중 하나로 진세노사이드(사포닌)가 많이
포함된 홍삼을 복용해서라고도 말하겠습니다.

　뿐만 아니라 처형께서 숙취해소와 간경화방지에도 좋은 헛개
나무를 직접 키워 즙을 내시고 기숙사로 꾸준히 보내주시어 저의
크나큰 원동력이 되었습니다.

　독실한 크리스천이시면서 사회봉사활동 또한 많이 하시는 두
내외분께 다시 한 번 이 자리를 빌려 진심으로 감사함을 전하겠
습니다.

나를 버티게 한 힘 3
– 아들과 함께한 마라톤

때는 2014년 4월 20일. 21km 반환점을 중3 아들과 함께 돌면서 이 기록과 속도면 충분히 3시간대 안으로 들어올 수 있겠다는 기분이 들었습니다. 땀을 흘리면서 출발 때와 같이 표정 변화 없는 것과 뛰는 자세를 잘 유지하며 따라와 준 아들 다빈이가 대견했습니다.

그날 날씨는 42.195km를 뛰는 저희에게는 더운 날씨였지만, 충분히 극복할 수 있는 날씨였습니다. 인도 곳곳에는 시민들께서 응원을 보내주셔서 힘이 났습니다.

그런데 38km 지점 표지판을 보면서 한참을 뛰고 있던 그 순간, 갑자기 아들이 "아악!" 하면서 쓰러져 버렸습니다!

"왜 그래?! 다빈아~!"

아들은 쓰러지면서 오른쪽 허벅지를 움켜쥐고 고통스러운 얼굴을 하면서 바닥을 뒹굴며 비명을 지르고 있었습니다.

저는 아들의 다리 상태를 확인하면서 "어디가 아프니?!"하고 물었습니다. 여러 번 풀코스를 뛰어본 경험이 있는 저의 뇌리에 번쩍 스친 생각으로는 아들이 거의 혼자 연습했고 경험도 없는 상태에서 무리하게 달리는 바람에 허벅지 근육이 굳어버린 것(쥐난 것)이 분명한 것 같았습니다.

여기서 잠시 시간을 되돌려 2014년 1월 1일로 가봅니다….

중3으로 올라가는 아들의 고등학교 진학목표는 외국어고등학교였습니다. 그래서 저는 아들에게 체력, 정신력, 투지, 끈기와 더불어 강한 목표의식과 의지를 심어주기 위해 제10회째를 맞이하는 '호남국제마라톤대회' 풀코스를 아빠와 함께 도전하자고 제안을 했습니다. 제안을 들은 아들이 "1주일간 생각할 시간을 주십시오."라고 말하는 것이었습니다. 저는 알겠다고 하고 신년을 가족들과 함께 보낸 뒤 경남 거제의 숙소로 향하는 버스에 몸을 실었습니다. 그로부터 정확히 1주일이 지난 일요일 오전 아들에게서 전화가 왔습니다. 약간 떨리는 마음을 가라앉히고 아들의 말을 들었습니다. 전화기 너머에서 들린 아들의 첫마디는 바로 "아빠! 뛸게요!"라는 것이었습니다. 저는 엄청나게 기뻤습니다.

'좋아! 아들아! 함 해보자! 아빠는 경남 거제 숙소에서! 너는 광주광역시 월세집에서!'

후에 생각해보면 아들이 마라톤을 준비하기로 한 그 마음가짐은 너무나도 무모했습니다. 생애 처음 도전하는 풀코스, 16살 사춘기가 잠복해 있으며, 잠에 대한 큰 유혹, 멀리 떨어져 지내는 아빠의 몫까지 어깨에 짊어지고 어렵게 생활하는 엄마와 초등학생인 여동생 희원이만 있는 집에서 마라톤을 연습하겠다는 것이었으니까요.

　그러나 마음을 먹은 만큼 그 다음 주말부터 저는 아들을 위해 휴일 근무를 포기하고 마라톤 풀코스 완주를 달성하기 위한 치밀한 일정을 아들과 함께 구상했습니다.

〈'D-day 110일' 마라톤 풀코스 연습 계획서〉

* 아들 마라톤 연습 일정 *

■ 아들은 광주 집에서 1월은 5km 매일 새벽에 달리기와 주말에 10km 달리기(2주에 한 번씩 아빠와 함께 20km 달리기).

■ 2월은 10km 매일 새벽에 달리기와 주말에 15km 달리기(2주에 한 번씩 아빠와 함께 24km달리기).

■ 3월 중순까지 3일에 한 번씩 오후에 20km 달리기와 주말에 25km 달리기

■ 3월 중순부터 말까지 주 2회 오후에 25km 달리기(2주에 한 번씩 아빠와 함께 30km 달리기).

■ 4월 초 아빠와 풀코스 달리기

■ 4월 20일 제10회 호남국제마라톤 출전!!

이렇게 일정을 정해놓고 중학교 3학년인 아들의 의지만 믿고 전 다시 거제로 돌아와 업무에 임할 수밖에 없는 상황이었는데 그때 마음이 너무 무거웠습니다. 그러나 이런 일들을 겪은 후 더욱 강해지고 본인의 인생을 살아가는 데 크나큰 밑거름일 거라고 애써 생각하면서 돌아설 수밖에 없었습니다. 돌이켜보면 너무나 엄청난 무리수를 두었던 것입니다. 전문 마라톤 선수들도 최소 6개월은 준비하는데, 아마추어 그것도 중학교 3학년생을 42.195km에 도전시켰던 저 자신이 지금 생각하니 '정말 절박했다.'라는 생각밖에 안 들더군요.

이 상황을 어떻게 해서라도 벗어나야겠다는 생각이었고 아들의 외고 진학목표와 함께 어려운 상황을 더욱 악으로 버티어 내야겠다는 의지의 표현이었다고 생각합니다.

저 또한 마라톤을 위해 일을 병행하며 준비하기 시작했습니다. 일하는 날, 잔업(밤 9시 30분 종료)까지 있는 날에는 업무 종료 후 사내 7안벽 피솔관(탈의실)에서부터 숙소(장평동)까지 뛰었고(약 3km) 잔업 없는 날과 한 달에 두 번의 주말은 광주 집에서 아들과 함께 연습했습니다. 첫 번째, 세 번째 주말은 오후 5시에 업무 종료 후 거제에서 아름다운 바닷가를 끼고 도는 길 약 20여 km를 뛰면서 연습했습니다.

지금은 아주 많은 노하우와 경력이 쌓여 큰 어려움 없이 업무를 하고 있지만 그때는 모든 것이 낯설어, 즉 처음부터 끝까지 몸을 써서 하는 일을 처음하다 보니 어려움이 있었습니다. 새벽 5시

반에 일어나 저녁 9시 반까지 100% Steel 자재를 가지고 일을 하는, 그래서 조금이라도 업무 중 딴생각을 하면 큰 사고로 이어지는 상황이었습니다. 재기를 목표로 하고 강인한 정신력만으로 뛰어들었지만 너무나도 힘든 일이었습니다.

처음 멋모르고 급여가 많다는 이야기에 족장맨으로 와서 근무 반나절 혹은 한나절 후 그냥 말도 없이 도망가는 사람도 있을 만큼 일이 상당하나 저는 정말 이를 악물고 버틴 것입니다. 그런 정신력으로 마라톤에 도전한 것이지요.

주말에는 오후 5시에 업무를 종료하므로 저녁을 간단하게 먹고 삼성중공업 정문 근처 숙소에서 운동복 차림으로 스트레칭을 한 다음 뛰기 시작합니다. 정문에서 조금 뛰다가 좌측으로 가 조금 내려가면 그때부터 왼쪽에 바닷가를 두고 뛰어갑니다.

왼쪽엔 바다 풍경이 보이고 인도에 자전거도로와 함께 길이 나 있어 연습환경에 있어 상당히 만족스러웠습니다. 약 4km를 지나면 고현항(개발 중인 항구) 도로가 나있는 곳으로 계속 왼쪽으로 달립니다.

바다를 좋아하는데 바다를 보며 달릴 수 있는 것도 큰 행운이라고 생각하며, 신선한 산소가 많이 발생되는 자연 속에서 뛰기에 훨씬 덜 힘들다는 생각이 들었습니다. 그 이후부터는 나름 자신과의 싸움이 시작되는 코스라 할 정도로 오르막과 에스자형 코스들이 있습니다. 약 6여 km 정도를 지나면 오비초등학교가 저 멀리서 보입니다. 도착 전에 벌써 어둠이 깔려 어두운 거리를 아들과 함께 완주하겠다는 목표를 두고 꾹 참고 뜁니다. 한 시간 반

정도 뛰어 한내 보건지소가 나오면 뒤돌아 뛰어갑니다. 처음보다는 체력이 아주 많이 소진되어 시야도 약간 흐릿해 보이고 오전에 족장을 철거하며 조금 힘들었던 생각들이 뇌리를 스치면 더욱 몸이 축 처지는 느낌이 듭니다. "아! 이러면 안 되는데!"라고 독려하며 머리를 세차게 흔들고 정신을 가다듬어 뛰기 시작합니다. 왔던 길을 뛰어가기에 처음보다는 훨씬 수월합니다. 뛰어도 또 뛰어도 나오지 않을 것 같던 삼성중공업 정문이 거의 3시간 20여 분 쯤에 어두운 곳에서 불빛과 함께 모습을 드러냅니다. 약 25km를 뛰는데 3시간이 훨씬 넘었지만 저는 만족하곤 했습니다. 포기하지 않고 목표로 한 연습량을 완주했기 때문이었습니다. 이렇게 저는 평일과 주말에 계획한 연습을 차질 없이 하고 준비했습니다.

아무리 힘들어도 저는 이를 악물고 버텼습니다. '강한 사람이 살아남는 것이 아니라 살아남는 사람이 진정한 승리자다. 난 꼭 일어설 것이다. 윤영일은 최고다! 난 잘할 수 있다!'라고 생각하며 이겨냈습니다.

다시 시간은 4월 20일. 제가 다빈이를 위해 응급처치를 하고 있는 가운데 조금 있으니 응급차와 순찰차가 아들 쪽으로 접근해왔습니다. 응급차에 실어 옮겨야겠다고 의사가 말하자, 아들이 "안 돼요! 난 뛸 수 있어요! 내 몸에 손대지 마세요!"라고 상기된 표정으로 말했습니다. 경찰관과 의사가 약간은 멈칫거리며 조심스럽게 지켜보다 의사가 접근하여 아들의 다리 상태를 한참을 보더니 "여기서 무리해서 뛰면 만에 하나 다리를 평생 불편하게 사용할 수도 있다."면서 응급차에 승차하는 것이 좋겠다고 걱정스럽게 권유를 했습니다.

제 자식인지라 걱정이 되었는데 다빈이는 "저는 뛰겠습니다!" 하는 것이 아닙니까?! 저는 걱정스러워서 "뛸 수 있겠니? 다빈 아?"라고 물었더니 "네! 아빠, 뛰시죠!"하면서 일어서더니 바로 뛰기 시작했습니다. 의사와 경찰은 뛰는 선수를 못 뛰게 할 수는 없어서 그저 지켜보며 보호만 할 수밖에 없었습니다. 아들이 뛰 다가 다시 주저 앉다를 반복하는 동안 순찰차와 응급차가 뒤따르 며 응급상황이 발생할 만약을 대비하며 따라왔습니다. 경찰 아저 씨들이 주변 지나가는 차량을 잘 통제해 우리가 뛰는 데 불편함 이 없도록 신경을 써주셨습니다.

한참을 가다가 이젠 뛰는 것이 안돼서 걷기 시작했습니다. 저도 옆에서 아들과 함께 걸었습니다. 약 4km를 남기고 아들은 절룩거 리며 뛰다가 걷다가 주저앉았지만 포기는 하지 않았습니다. 계속 그렇게 30분은 넘게 반복하는 상황에서 골인지점을 향해 가고 있 는데 이윽고 스타디움이 보였습니다.

골인지점인 스타디움 안으로 들어오는데 장내아나운서가 방송 을 합니다.

"다리 부상에도 포기하지 않고 마지막 골인지점을 향해 들어오 는 아빠와 함께 들어오는 아들에게 응원의 박수를 보내주세요!" 하는 소리가 귓전에 들려오며, 관중석에선 수많은 관객들께서 기 립박수를 쳐주었습니다.

그때 갑자기 옆에 절뚝거리며 걷던 아들이 속도를 내면서 앞으로 튀어나갔습니다. 마지막 골인 지점까지 400여 미터를 혼신의 힘을 다해 뛰었습니다. 저도 함께 뛰어 무서운 속도로 달리는 아들을 따라 골인지점에 들어가 함께 쓰러져버렸습니다.

숨을 몰아쉬면서 땀을 흘리던 아들 다빈이가 "아빠 고맙습니다, 정말 아빠 덕분에 포기하지 않고 완주했어요!"라고 말했습니다. 그때 아빠로서 뿌듯한 마음과 함께 42.195km를 완주하기 위해 거제에서 업무 끝나고 연습했던 모습들이 파노라마처럼 스쳐 지나가면서 그때 아들과 함께 뛰자고 이야기한 것과 함께 뛰기로 약속한 아들이 대견스럽다는 생각이 들었습니다. 지금 아들 다빈이는 전남외국어고등학교 2학년에 다니고 있습니다. 앞으로의 목표가 바뀌었답니다. 경찰대학교 또는 육군사관학교를 목표로 한다는군요.

2014년 호남 국제마라톤 대회 때 부상을 입은 상황에서 순찰차의 경찰아저씨가 자기에게 베풀어준 배려가 아주 인상에 크게 남았기 때문이라고 합니다. 육군사관학교는 현재 전 세계에 유일한 분단국가인 우리나라가 평화로운 통일의 길로 가는 데 일익을 해보고 싶다는 패기 넘치는 포부로 목표를 삼은 것이라 합니다.

마라톤 풀코스 완주를 해낸 나와 아들 다빈이

PART 3

전수1
– 나의 재테크

ASSET PLUS FUND

FX(FOREIGN EXCHANGE)마진 투자

당신이 부자가 되기 위해
갖추어야 할 10가지 힘

과거보다 더 나은 현재를 원한다면 과거에 일어났던 일을 돌아보라.
그것에서 소중한 교훈을 배워라. 지금부터는 다르게 행동하라.

ASSET PLUS FUND

부모보다 자산이 더 많은 아들과 딸

1998년 어느 날이었습니다. 고객과의 약속을 위해 모 커피숍에 약속시간보다 20분 정도 일찍 도착해서 앉아 있었습니다. 잠시 서류 등 몇 가지 정리사항을 살피면서 기다리고 있었는데 고객들이 차를 마시면서 무료로 볼 수 있도록 책들을 진열해 놓은 곳을 우연히 바라보게 되었습니다.

저는 그곳에서 아담한 사이즈의 『강방천의 투자 이야기』라는 책에 눈길이 가서 그 책을 집어 들었습니다. 그 책을 잠시 읽고 있는데 읽을수록 페이지를 넘기는 손을 멈출 수 없게 하는 생각에 빠져들게 하는 마력이 담겨 있는 듯했습니다.

그래서 책에 있는 대로 관련 상품들을 철저히 분석하고 상품의 규모, 범위 그리고 펀드매니저들이 투자한 회사들을 직접 찾아보면서 투자를 하기 시작했습니다. 물론 자금이 들어가는 만큼 신중에 신중을 기하면서 시간을 들이고 공부를 계속 해 나갔습니다.

첫째 아이가 1999년에 태어났는데, 저는 그때부터 아이들에게 미래의 유산을 남겨주기 위해 아이들이 돌이나 생일, 명절에 받는 용돈들을 일일이 모아 펀드에 투자해주기 시작했습니다.

첫째 아이가 지금은 18살 윤다빈, 둘째 아이가 13살 윤희원입니다. 고등학교와 초등학교를 열심히 다니고 있는 저의 사랑스런 아들과 딸입니다.

부모님과 장모님 그리고 가족 친지 분들께서 건강한 2세를 얻었다며 축하한다고 정성어린 축의금을 선물해 주신 것을 비롯해 돌잔치에서도 축하선물이 들어온 것을 고맙게 잘 받아 그중 현금과 돌 반지는 바로 아이들의 펀드에 이체를 했습니다.

또한 우리나라의 미풍양속인 설날, 추석에 정을 가득 담아 아이들에게 인사 겸 용돈을 쥐여주시면 그때마다 아이들이 꼭 써야하는 도서구입비와 약간의 용돈을 제외하곤 본인들의 펀드에 항상 이체를 해줬습니다.

이런 생활이 습관이 되다 보니 아이들이 펀드 수익에 점차 관심을 갖기 시작했습니다. 이제 초등학교 6학년인 희원이가 어느 날 엄마에게 우편으로 날아온 자신의 거래잔고 내역 통지서를 유심히 살펴보고 또 오빠 것과 비교를 해보더니 이렇게 묻더랍니다.

"엄마, 왜 내 펀드는 수익률이 더 낮아요? 궁금하니까 제가 한번 공부해 봐야겠어요."

그렇게 돈을 모으는 재미가 있었는지 펀드에 흥미를 갖게 된 것입니다. 이렇게 저희는 투기가 아닌 재테크로서 펀드를 아주 알뜰하게 이용하고 있습니다.

지금은 꽤 상당한 금액이 본인들의 계좌 내에서 운영되고 있어서 저는 그것을 앞으로 본인들이 살아갈 나날에 보탬이 될 유산으로 물려줄 생각으로 지금도 열심히 여유자금이 될 때마다 펀딩을 하고 있습니다. 여기에 저와 아이들의 펀드 수익률 표를 보여드리려 합니다. 여러분도 여유자금을 통해 건강하게 펀딩을 이용하신다면 충분히 이런 수익률을 올리실 수 있으실 것입니다.

윤영일 2015.06.27. 수익률:25.80%

윤다빈 2015.06.27. 수익률:17.51%

윤희원 2015.06.27. 수익률:19.33%

ASSET**PLUS**
에셋플러스 자산운용(주)

이하부터 제가 펀드를 운용하면서 얻은 여러 해박한 지식들을 열거하였습니다.

여러분들께서도 펀드에 대해 유용한 정보를 가지고 좋은 판단을 하시는 데 도움이 되었으면 합니다.

이에 앞서 제가 도움을 많이 얻은 『강방천의 투자 이야기』의 저자 강방천 에셋플러스 자산운용 회장님에 대해 소개해보고자 합니다. 강방천 회장님은 '한국을 대표하는 가치투자가'라는 명성답게 흔들림 없는 투자철학을 유지하고 고객 이익을 최우선으로 하는 원칙을 변함없이 지켜나가고 있는 분이십니다. 이를 통해 2013년 스웨덴에서 출간된 '세계의 위대한 투자가 99인(The World's 99 Greatest Investors)이라는 책에 워렌 버핏, 피터 린치 등 세계 최정상의 투자가들과 함께 소개되기도 했습니다.

강방천 회장님이 이끄는 에셋플러스 자산운용은 고객의 돈을 끝까지 책임진다는 사명감과 정성을 다하여 고객의 자산을 증식시키는 일에 기여한다는 사명감으로 운영되고 있습니다. 또한 에셋플러스만의 가치투자로 주식의 본질에 대한 끊임없는 물음과 상식을 통해 생활 주변의 삶과 변화 속에 숨겨진 가치를 발굴하는데 앞장서고 있습니다.

이처럼 펀드나 재테크에 좋은 파트너를 두고 있다면 얼마나 든든하겠습니까? 이를 참고하여 함께 펀드에 대해 계속 살펴보도록 하겠습니다.

『강방천의 투자 이야기』 중에서

"경제교육을 받지 않은 아이는 나중에 어른이 되어 합리적인 투자를 하기 어렵다. 돈에 대한 존경심을 갖고, 세금을 제대로 내는 자녀로 키우는 것이 나라를 부강하게 하는 길이다."

지금 중학교와 고등학교에 다니는 아이들에게 6년 전 다섯 가지 주식(株式)을 사주었다. 주식을 살 때 토론을 많이 하여 아이들과 함께 결정했다. 다섯 종류를 사준 것은 분산 투자해야 한다는 것을 가르치기 위해서였다.

주식을 사 준 뒤로 아이들은 저절로 주식에 관심을 갖게 되었다. 늘 인터넷이나 신문을 통해 자신이 갖고 있는 주식의 가격이 어떻게 되었는지 살펴본다. 뿐만 아니라 동일산업의 다른 주식들도 살펴보며 주식동향 추이에 관심을 갖게 되었다.

아이들에게 사준 것 중의 하나가 삼성전자 주식인데, 아이들과 종종 삼성전자 얘기를 나눈다.

"지금 아빠 차에 반도체가 하나도 없는데, 앞으로 반도체가 장착된 차가 나오겠지, 반도체가 여기저기 많이 있어야 끝이 오겠지, 사람들이 더 이상 안 써야 끝이 오겠지"

그러면 아이들은 반도체가 어디에 사용되고, 앞으로 어디에 더 사용하게 될지에 대해 나름대로 생각을 많이 하게 된다.

패션에 관심이 있는 딸과는 디자인에 관한 얘기를 자연스럽게 나눈다.

"너는 옷감을 보고 옷을 사니? 디자인을 보고 사니? 옷감을 보고 옷을 사는 사람은 별로 없어. 이제 옷감 재료는 풍부하니까 디자인을 보고 옷을 사겠지. 옷감을 만드는 회사보다 머리를 쓰는 디자인 회사가 돈을 벌겠지. 유리컵도 재료를 보고 사니, 모양을 보고 사니? 유리컵이든 휴대전화든 디자인을 보고 사는 경우가 많지 않니?! 앞으로는 재료나 소재를 만드는 회사보다 디자인을 하는 회사가 유망하지. 손이나 기계로 하는 것보다 머리로 하는 게 더 유망하다는 거지. 소재보다 브랜드를 보고 물건을 구입하는 세상이야. 보이는 것보다 보이지 않는 것이 가치를 평가받는 세상으로 바뀌고 있어. 그러니 너도 머리를 쓰는 일로 승부해야 한다."

이런 대화를 나누면 아이는 자신의 진로에 대해서도 생각하게 된다. 아이들은 신문을 보다가 주식이 오르면 팔아 달라고 조른다. 그럴 때는 왜 팔아야 하는지, 대안은 있는지 물어야 한다. 주식이 단순히 많이 올랐다고 파는 것이 아니라 확실한 대안이 있을 때 팔아야 한다는 걸 강조해야 한다. 아이들은 대안을 얘기하지 못해 번번이 팔지 못하고 있다. 아이들에게 사준 주식 중에 하나를 손해를 보고 팔았다. 아이들과 많은 토론을 하여 산 주식인데, 경영자의 실수로 주가가 떨어졌다. 왜 그 주식의 주가가 떨어졌는지 아이들과 많은 대화를 했다.

어릴 때 아이가 돈을 알게 해서는 안 된다고 생각하는 부모들이 적지 않다. 물건 하나를 살 때도 아이들이 깊이 생각하게 하면 '경제 마인드'가 생긴다. 아이가 커서 생활현장에서 합리적인 결정과 올바른 판단을 할 수 있도록 하려면 하루라도 빨리 경제교육을 해야 한다.

경제적인 부분에서 합리적인 결정을 하기란 쉬운 일이 아니다. 특히 우리나라 사람들은 이 부분에서 상당히 약한 면을 보인다. 그건 왜 그럴까, 우리나라는 정서적으로 상업적인 것을 폄하하고 감춰 왔다.

커서 장사를 하겠다고 말하는 아이들이 거의 없지 않은가. 부모들이 「내 자녀는 돈을 모르고 자라야 순수하다」는 선입견을 갖고, 돈에 대한 관심을 철저히 배제하는 가정교육을 하기 때문이다. 어려서부터 경제적인 부분에 대해 합리적인 교육을 받지 못했으니 성인이 되었을 때 합리적인 판단을 할 수 없는 건 당연한 일이다.

펀드매니저로 일할 때부터 수많은 주식투자가들을 접해 봤는데 대부분의 투자가들은 주식을 살 때 싼 것을 선택한다.

「가치에 비해 가격이 싸다」는 분석을 하는 것이 아니라 무조건

1,000원, 2,000원짜리만 산다. 우리나라 주식투자가 중 대부분은 평생 한 주에 10만 원 이상 하는 주식을 사본 경험이 없다. 가치 지향적이 아니라 단순비교를 하기 때문에 빚어지는 일이다.

장사가 잘되는 허름한 라면집과 겉만 번드르르하고 실속 없는 피자집이 있다고 했을 때, 어떤 집을 선택해야 할까? 1,000억 원 짜리 건물의 연간 임대수익이 10억 원이고, 10억 원짜리 건물의 연간 임대수익이 1억 원이라면 어떤 건물을 사야 하겠는가?

당연히 허름한 라면집과 10억 원짜리 건물을 사야 한다, 하지만 피자집과 1,000억 원짜리 건물을 선택하는 사람들이 의외로 많다. 자녀가 올바른 경제 마인드를 갖고 합리적인 판단을 하길 원한다면, 어릴 때부터 돈은 필요한 것이고 소중한 것임을 교육 해야 한다.

『합리적인 의사결정으로 돈을 버는 것은 자본주의에 기여하는 일이다. 돈을 벌면 자본주의의 승차요금인 세금을 낼 수 있게 된다. 돈을 못 버는 사람은 승차요금을 낼 수 없다. 무임승차를 하고 가는 것이다. 그런 의미에서 세금 내는 행위는 애국하는 일이다』 자녀들과 '돈을 어떻게 벌 것인가'에 대해 얘기를 나눠야 한다. 자본주의 꽃이라는 주식·채권·재테크 등을 통해 돈 버는 것에 대해서도 가르쳐야 한다.

나는 세 자녀(高1·中2 ,初2)를 두고 있다. 자녀들에게 일부러 시간을 내서 경제교육을 하지 않는다. 평상시 자연스러운 대화를 통해 자녀들에게 경제관념을 심어준다. 자녀들과 자동차에 관해 이런 얘기를 나눴다.

"외관상 디자인이 똑같은데 A차는 1,000만 원, B차는 3,000만 원이면 어떤 자동차를 사겠느냐?"는 질문을 던졌다. 아이들은 "디자인이 똑같다면 1,000만 원짜리 A차를 사겠다."고 말했다.

"B차가 A차보다 다섯 배 오래 쓸 수 있고, A차는 휘발유가 더 많이 든다면 어떤 걸 살래?"

이런 전제들을 하나씩 더하면 아이들은 이모저모 따져 보게 된다. 이런 질문은 가치 지향적으로 생각할 수 있도록 유도하는 것이다.

나는 아이들이 초등학교에 들어갔을 때부터 조금씩 주식 이야기를 해주었다. 아이가 이해를 못 해도 주식과 관련된 얘기를 들려주다 보면 흥미를 느끼게 된다. 아이들은 인터넷과 게임에 관심이 많으니 그 얘기부터 시작했다.

"인터넷을 많이 사용하니? 게임은 많이 하니?"라고 물으면 아이들은 "아빠는 게임도 안 하면서 왜 게임에 대해서 물어볼까?" 하는 생각을 하게 된다.

얘기를 하다 보면 아이들은 "많이 쓰면 많이 팔린다는 것이고, 많이 팔리면 회사가 좋아지고, 회사가 좋아지면 주가가 오르겠구나. 그래서 아빠가 물어보는구나."라는 걸 저절로 깨닫게 된다.

주식이든 부동산이든 한두 번 얘기하고 그치면 학습효과가 떨어지니 가끔 되풀이하여 얘기를 하는 게 중요하다. 일부러 얘기를 꺼내는 것보다 생활 속에서 자연스럽게 이야기를 유도하면 아이들이 관심을 가진다. 나는 슈퍼마켓에 가서 요구르트를 고를 때면 일부러 아이에게 "판매원에게 가서 어떤 게 잘 팔리는지 물어보고 오라."고 시킨다. 아이가 "왜 물어봐요?"라고 하면 "요구르트가 많이 팔리면 그 회사가 좋아질 수도 있잖아. 주가가 오를 수 있잖아?"라고 말해 준다. 그러면 아이는 단순히 요구르트만 사는 것이 아니라 많이 팔리는 물건에 대해 생각하게 된다.

라면을 먹을 때도 "무슨 라면이야?"라고 물어보는 게 경제공부다. "신라면"이라고 답하면 "농심에서 만든 거구나."라고 말해 브랜드를 익히게 해주는 것이 좋다.

라면 하나만 갖고도 자녀와 얼마든지 대화를 나눌 수 있다. 아이들이 앞으로 이 라면이 계속 잘 팔릴까 생각하도록 만드는 게 중요하다. 라면을 먹는 것에서 그치지 않고, 어떤 사물에 대해 미래까지 생각하게 되는 습관을 기를 수 있게 된다.

아주 오래 전 삐삐(무선호출기)와 시티폰이 한때 인기를 끌었지만 휴대전화가 나오면서 사라지고 말았다. 그런 얘기와 연계하면 아이들이 물건을 볼 때 앞으로 계속될 제품인지 아닌지를 생각할 수 있게 된다. 포털사이트에 접속했을 때도 "검색광고가 앞으로 5년 후에도 계속될까?"라고 물으면 아이들은 다양한 생각을 하게 된다. 몇 년 전 MP3와 디지털카메라(이하 '디카')가 처음 등장했을 때도 아이들과 얘기를 나누었다. 앞으로 많은 사람이 이용할지, 아니면 없어질지에 대한 얘기를 먼저 나누었는데, 다양한 얘기가 나왔다. 아이들은 MP3와 디카가 아주 편리하고 쓸모가 있어서 계속 팔릴 것 같다고 얘기했다.

디카 하나를 갖고도 여러 가지 판단을 할 수 있다. 단순히 디카를 사야겠다는 생각에서부터 디카 사업을 할까, 디카 관련 주식을 살까. 디카 얘기를 하다 보면 필름 가게가 어떻게 될지에 대해서도 생각하게 된다.

대화를 나눌 때, 아이들이 많은 관심을 갖는 물건을 소재로 삼는 게 좋다. 아이들에게 어느 회사의 휴대전화와 디카를 사용하는지 물어봤더니 휴대전화는 삼성전자의 애니콜, 디카는 롯데 캐논을 많이 쓴다는 대답이 나왔다. 디카는 진입의 장벽을 설명하기 좋은 제품이다.

"아빠는 삼성전자 주식을 사야겠다. 애니콜이 많이 팔리는 데다 디카 속에 플래시 메모리가 많이 들어 있으니까 삼성전자가 돈을 벌겠네. 디카가 인기 있으니까 많은 회사들이 만들잖아. 디카를 사는 사람은 많아도 파는 회사가 많으면 경쟁만 치열해지지. 그러면 주가는 안 올라. 디카 회사가 너무 많으니 디카 회사보다는 플래시 메모리를 만드는 삼성전자 주식을 사는 게 좋을 것 같다." 휴대전화를 놓고 배터리 제조회사 얘기를 할 수도 있다.

이렇게 얘기를 확대해 나가면 아이들은 단순히 눈에 보이는 물건만이 아닌, 부품에 대해서도 생각하게 된다. 그게 확대되면 어떤 현상에 대한 이면까지도 살펴보게 되는 것이다. 물건뿐만 아니라 영화 얘기를 나눌 수도 있다.

"사람들이 영화「친절한 금자씨」를 많이 본다는데 영화를 제작하는 회사만이 아니라 배급하는 회사도 돈을 번다. 무엇을 만드는 회사만 생각하지 말고 판매하는 회사도 생각해 봐"

아이들은 영화배급사가 있다는 사실을 신기해했다. 아이들과 다양한 대화를 하며 세상에 대한 식견을 넓혀 줄 수 있다. 경기도 용인에 살 때 사방에 아파트가 들어섰다. 속속 들어서는 아파트를 보면서도 아이들과 대화를 할 수 있었다.

"아파트가 계속 들어서면 어떤 회사가 좋을까?" 하니 아이들은 "아파트 회사가 좋겠네요."라고 말하더니 곧이어 "철근·시멘트·페인트 회사도 좋아지겠네요."라는 데까지 생각을 확대했다. 아파트 하나만 놓고도 많은 생각을 할 수 있다.

"길이 막히겠네."로 끝내는 사람도 있겠지만 "철근·시멘트·페인트가 잘 팔리겠다."로 연결할 수도 있다. 더 나아가면 "아파트를 다 지으면 시멘트는 더 이상 안 팔리지만 도시가스는 계속 쓰겠다."는 데까지 생각이 미치는 사람도 있을 것이다.

경제는 하나의 프로그램을 집중적으로 가르치는 것보다 어릴 때부터 삶 속에서 느끼고 깨닫게 하는 것이 중요하다. 이 교육은 아이들과 자주 접하는 어머니들이 담당해야 한다. 자녀들과 대화하는 가운데서 자연스럽게 경제 얘기를 하면 되는 것이다. 크게 어려운 일이 아니다.

미국의 대표적인 주식투자가 피터 린치는 늘 부인을 자신의 스승이라고 말한다. 부인이 슈퍼마켓에 다녀와서 무슨 물건이 많이 팔린다는 이야기를 해 주면 피터 린치는 그 주식을 샀다고 한다.

회사의 회장은 슈퍼마켓에 잘 가지 않는다. 슈퍼마켓에 매일 가는 일반 직원들이 남의 제품과 자기 회사 제품을 밑바닥부터 알고 있다. 의사결정 통로만 원활하다면 회장은 직원들에게서 정보를 듣게 되고, 그런 직원을 통해서 좋은 회사로 발전시킬 수 있을 것이다.

삶 속에서 누가 좀 더 관심 있게 보느냐가 중요하다. 주식투자나 사업가뿐만 아니라 유능한 직원, 유능한 국민을 만드는 차원에서도 경제교육은 중요하다. 어릴 때부터 우리 국민이 경제적인 마인드로 무장되면 유태인처럼 강한 경제력을 가진 국가로 발전할 수 있다. 합리적인 의사 결정이 도외시되는 국가는 사상누각이 된다. 돈을 벌어도 잘못된 결정, 불합리한 투자로 잃어버릴 수 있다.

우리나라에는 현재 고등학교가 많은데 과학입국 못지않게 중요한 것이 금융입국이라는 것을 당국자들은 깨달아야 한다. 이제 금융 고등학교·경제 고등학교를 세워 어릴 때부터 체계적인 영재교육을 시켜야 한다. 금융입국을 위해 금융교육 시스템이 탄생될 때가 왔다.

앞으로 뜻을 같이하는 사람들과 여름방학 때 금융캠프를 개최할 계획이다. 지금 우리나라 아이들은 영어를 익히는 데 온 신경을 집중하고 있다. 방학 때에는 각종 캠프에 가서 즐기고 있는데,

그 가운데 반드시 금융교육이 빠지지 않아야 한다는 것이 나의 생각이다.

우리나라 아이들이 경제 마인드를 갖게 되면 그것을 토대로 국가를 부강하게 할 수 있다. 중국이 세계화되면 우리가 할 일이 많아진다. 중국은 지금 엄청난 속도로 발전하고 있다.

중국은 현재 제조업으로 발전하고 있는데, 우리가 제조업으로는 경쟁을 할 수 없다. 중국이 발전하면 우리는 금융으로 접근하면 된다. 중국의 우량기업 주식에 투자하기 위해서는 경제교육이 반드시 이루어져야한다.

다양한 사고의 접근을 통해서 다양한 선택권을 확보하는 것은 인생에 있어서 필요한 일이다. 꼬리에 꼬리를 무는 생각은 경제뿐만 아니라 삶의 모든 분야에 적용할 수 있다.

사랑의 미학-「영원한 에너지」

FX(FOREIGN EXCHANGE)
마진 투자

'세상에서 제일 쉬운 FX마진 투자' 중에서

'누구나 FX마진 투자의 고수가 될 수 있다'

일단 이 책에 관심을 가져준 것이 기쁘다. 또한 나는 당신에게 축하한다고 말하고 싶다. 이 책을 짚어든 당신은 어쨌든 'FX마진 거래'에 관심을 가지고 있을 것인데, 그런 당신에게 이 책이 많은 도움을 줄 수 있을 것이라 믿기 때문이다. 감히 말하건대 당신은 이 책을 통해 투자와 금융 시장의 새로운 경험을 할 것이다.

이 책에서 다루는 FX마진 거래가 무엇인지 아직 잘 모른다고 해도 상관없다. 당신이 궁금해하고 알고 싶어 하는 것들이 이 안에 다 있다. 나는 이를 차근차근 확실하게 설명할 것이다. 당신이 할 것은 이 책을 천천히 읽어가는 일 뿐이다. 과연 FX마진 거래에 대해 아무것도 모르는 당신이 성공할 수 있을까?

물론 초보자에게 FX마진 거래란 좀 어려워 보일 수도 있다. 외환, 국제 금융, 달러, 엔, 유로라는 말만 들어도 어지럽고 속이 불편할지도 모르겠다. 하지만 세상에 엄마 배 속에서부터 모든 것을 알고 나오는 사람은 없다. 나도 처음에는 FX마진 거래에 대해 전혀 알지 못했다. 하지만 공부하고 경험을 쌓다 보니 자신있게 FX마진 거래를 설명할 수 있게 되었다. 그러니 당신도 할 수 있다. 당신이 지금 해야 할 것은, '걱정'이 아니라 '자신감'을 갖는 일이다. 그래도 불안하다면 , 당신이 궁금해하는 몇 가지 의문에 대해 답을 해주겠다.

FX마진 거래는 복잡하지 않을까?

전혀 그렇지 않다. 차차 알게 되겠지만 FX마진 거래는 지극히 단순한 구조로 되어 있다. 달러 값(혹은 유로 값이나 파운드 값)이 올라갈 것으로 예상되면 매수하고, 내려갈 것으로 전망되면 매도하면 된다. 그게 전부다.

예컨대 달러 값이 앞으로 오를 것으로 예상하고 매수하였는데 그 예상이 적중하여 달러 값이 올랐다면 돈을 버는 것이고, 그렇지 않고 달러 값이 하락한다면 손해를 본다. 주식 거래와 다를 바 없다. 주식 투자의 성공 여부가 주가의 방향을 정확하게 맞히는 데 달렸다면, FX마진 거래의 성공은 환율의 방향을 제대로 맞히는 데 달린 것이다. 방향만 잘 맞히면 수익을 거둘 수 있다. 주식 투자의 경우 투자자가 반드시 알아두어야 할 여러 용어들이 난무

한다. 예컨대 배당 효과, 액면분할, 액면 합병, 감자, 증자, 권리락, 배당락, 이익 회석(Dilution), 상한가, 하한가, 작전 세력, 주가 조작 등등의 용어가 바로 그것이다. 그러나 FX 거래에서는 이런 복잡한 용어들이 존재하지 않는다. 그저 '올라갈 것 같으면 사고, 내려갈 것 같으면 파는' 것이 전부이다. 얼마나 단순한가!

FX마진 거래는 위험하지 않은가?

물론 FX마진 거래는 위험하다. 손해를 볼 가능성도 많다. 그런데도 이 거래를 하라고? 그렇다, 당당하게 추천한다. 솔직히 말해 보자. 세상에 위험하지 않는 투자가 어디 있는가? 주식 투자는 말할 것도 없고, 부동산 투자 또한 반드시 돈을 번다는 보장은 없다. 은행에 돈을 예금하는 건 안전할까? 그 은행이 망하지 않는다는 법은 없지 않은가? '하이 리스크, 하이 리턴(High Risk, High Return)'이라는 말이 있다. 기대되는 수익이 높을수록 그것에 수반되는 위험 또한 높을 수밖에 없다는 얘기다. 그것이 세상의 이치이다. 수익은 높은데, 위험은 낮은 투자 같은 것은 세상에 존재하지 않는다.

그렇다고 높을 위험을 감수하고 무작정 FX마진 거래를 하라는 말은 아니다. 위험이 수반되는 FX마진 거래를 하려는 사람은 반드시 '위험을 관리하는 법'도 알아야 한다. 이 책에서는 위험을 관리하는 법도 자세하게 설명할 것이다. 그리고 위험을 관리할 수만 있다면 FX마진 거래는 참으로 해볼 만한 일이다. 실증 분석에 따르면 투자나 FX마진 거래는 위험도에서 비슷한 것으로 나타났다. FX마진 거래가 훨씬 위험할 것 같다는 막연한 두려움은 필요 없다는 얘기다.

FX마진 거래를 하려면 고학력이어야 하지 않을까?

말도 안 되는 소리이다. 홍콩이나 런던, 뉴욕 등지에서 활약하고 있는 외환 딜러들 중에는 고등학교만 나온 사람들도 많다. 앞서 설명하였듯 FX마진 거래는 지극히 단순하다. 따라서 하버드나 예일 대학을 나올 필요도 없고, 고학력이라고 한들 별 소용도 없다. 당신이 지금 관심을 두고 있는 FX마진 거래에서는 사고파는 일만 잘하면 된다.

1979년도에 무려 1,300억 달러의 손실을 입으며 요란하게 파산하는 통에 미국 금융 시장에 엄청난 충격과 파장을 던져준 LTCM 헤지펀드 이야기를 아는가? 그 LTCM 헤지펀드를 운용한 사람들은 바로 마이런 숄즈(Myron Scholes)와 로버트 머튼(Robert Merton)이었다. 이들은 1997년 노벨경제학상 수상자들이다. 하지만 노벨상 수상자들도 처참한 실패를 맛보았다. 금융 시장에서 고학력은 아무 소용없음을 보여주는 단적인 사례다. FX마진 거래도 마찬가지이다.

FX마진 거래를 하려면 영어를 잘해야 하지 않을까?

물론 영어를 전혀 모른다면 곤란하겠다. FX마진 거래의 F자와 X자도 제대로 못한다면 난감하지 않겠는가? 그런 사람이라면 USD/JPY라도 씌어 있는 것을 보고도 그걸 달러/엔인지 유로인지

파운드인지 전혀 알 수 없을 테니까.

하지만 영어를 전혀 모르는 수준이 아니라 그저 '잘 알지 못하는' 정도라면 걱정할 것 없다. 그 정도면 FX마진 거래를 하는 데 아무런 불편이 없기 때문이다. 요즘은 세상이 좋아져서 해외의 소식들이 즉각 인터넷을 통해 전파되고, 실시간으로 우리말로 번역된다. 그러니 영어를 잘하지 못하더라도 전혀 문제없다. 물론 해외 외환 시장에서 돌아다니는 정보나 소식이 일단 영어로 되어 있으니 영어를 잘해서 원문을 그대로 이해할 수 있다면 좀 더 유리할 수는 있다.

이제 새로운 세상이 당신 앞에 펼쳐진다. 슬슬 시작해보자. 아울러 키움증권 글로벌 영업부에서 펴낸 『FX마진 가이드북: How to Trade FX Margin』을 참고하는 것이 도움이 되며 아울러 사용된 도표와 차트는 모두 키움증권의 FX마진 HTS인 영웅문W을 인용한 것을 밝힌다.

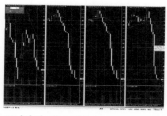

FX마진 참고용 그래프 1
브렉시트 확정 발표 후 시장 움직임
1랏당 5,000 달러 하락

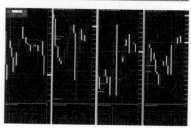

FX마진 참고용 그래프 2
중요 셀장 케이스-브렉시트(투표전)(위)
브렉시트 발표 전 시장 움직임(아래)

당신이 부자가 되기 위해
갖추어야 할 10가지 힘

『부자 아빠 가난한 아빠』 중에서

대부분의 사람들은 부자가 되지 않기로 선택한다. 인구의 90%
에게 부자가 되는 것은 〈너무나 골치 아픈〉 일이다. 그래서 그들
은 다음과 같은 변명거리를 만든다. 〈나는 돈에는 관심이 없어〉
혹은 〈나는 절대로 부자가 되지 못할 거야〉 혹은 〈나는 걱정할 필요
가 없어, 아직도 젊으니까〉 혹은 〈돈을 좀 벌면 그때 가서 미래를 생
각하면 되지 뭐〉 혹은 〈내 남편(아내)이 재산 관리를 합니다〉 등등.

부를 획득하는 것이 내게는 쉬웠다고 말할 수 있다면 좋겠지만,
사실 그렇지는 않았다. 그래서 〈나는 어떻게 시작해야 하죠?〉라
는 질문을 받으면 내가 매일같이 하는 사고 과정을 해답으로 제
시한다. 멋진 거래를 찾는 것은 아주 쉬운 일이다. 나는 그것을
약속한다. 그것은 자전거를 타는 것과 똑같다. 약간의 실수를 하

고 나면 누워서 떡 먹기다. 하지만 돈에 대해서는 그런 〈실수를 하겠다〉는 결심이 중요하다.

10억 규모의 〈평생의 거래〉를 찾으려면 우리의 금융 천재성을 불러내야만 한다. 나는 우리 모두에게는 금융 천재성이 있다고 믿는다. 문제는 우리의 천재성이 잠을 자면서 우리가 불러내기만을 기다린다는 것이다. 그것이 잠을 자는 이유는 우리의 문화가 우리에게 〈돈은 모든 악의 뿌리〉라고 가르쳤기 때문이다.

우리의 문화는 우리에게 전문 직업을 가져서 돈을 위해 일하도록 가르쳤다. 그러면서 돈이 우리를 위해 일하게 하는 방법은 가르치지 않았다. 또 우리에게 미래의 금융상의 문제는 걱정하지 말라고 얘기했다. 우리가 나중에 퇴직하면 회사나 정부가 우리를 돌볼 것이라는 것이다.

하지만 결국에는 똑같은 학교 제도에서 공부한 우리의 아이들이 우리의 퇴직 연금 비용을 지불하게 된다. 우리의 문화는 아직도 열심히 일해서 벌어 쓰라고, 그리고 돈이 부족하면 늘 더 많이 빌릴 수 있다고 얘기한다. 아쉽게도 서구 사회의 90%가 그런 교리를 믿고 있다. 여전히 그런 교리를 믿는 이유는 간단하다. 일자리를 찾아서 돈을 위해 일하는 것이 더 쉽기 때문이다. 당신이 그런 대중의 한 사람이 아니라면, 나는 당신에게 내가 개인적으로 밟았던 몇몇 단계를 제시하고자 한다. 당신이 그런 단계를 밟는다면 아주 좋다. 그렇지 않다면 자신의 단계들을 만들어라. 당신의 금융적 천재성은 스스로 단계들을 만들 만큼 충분히 똑똑하다.

나는 페루에 있을 때 마흔다섯 살의 금광 전문가를 만난 적이 있다. 그 사람에게 어떻게 확신을 갖고 금광을 찾는지 물어봤다. 그 사람은 이렇게 대답했다.

"도처에 금이 있습니다. 하지만 대부분의 사람들은 그것을 보도록 훈련받지 못했죠."

나는 그것이 사실이라고 생각한다. 나는 밖에 나가 하루 만에 너더댓 건의 부동산 거래를 찾아낼 수 있다. 그동안에 평균적인 사람은 밖에 나가 아무것도 찾지 못한다. 같은 이웃을 둘러볼 때도 그렇다. 그 이유는 그들이 충분한 시간을 갖고 금융 천재성을 개발하지 않았기 때문이다.

나는 신이 당신에게 주신 이 천재성을 개발하는 과정으로 다음의 10단계를 제시한다. 이것은 부자가 되기 위해 갖추어야 할 10가지 힘이다. 이 힘은 오직 당신만이 통제할 수 있다.

첫 번째, 정신의 힘: 나에게는 현실보다 더 큰 이유가 필요하다.

대부분의 사람들에게 부자가 되거나 경제적으로 자유롭고 싶은지 물으면, 그들은 '그렇다'고 대답할 것이다. 하지만 그러다가 현실이 들어선다. 길이 너무 멀어 보이고 오를 언덕은 너무 많아 보인다. 그러면 그냥 돈을 위해 일하면서 나머지는 중개인에게 넘기는 것이 더 쉽다.

전에 나는 미국 올림픽 팀 수영 선수가 되려는 젊은 여자를 만

났다. 그녀는 새벽 네 시에 일어나 세 시간 동안 수영을 하고 학교에 가야만 했다. 그리고 토요일 밤에 친구들과 파티도 하지 않았다. 그녀는 다른 사람들처럼 공부를 해 성적을 올려야만 했다.

내가 그녀에게 무엇 때문에 그렇게 초인적인 희생을 했느냐고 물었을 때. 그녀는 이렇게 대답했다. "나는 내 자신과 내가 사랑하는 사람들을 위해 그 일을 합니다. 내가 장애를 넘고 희생하는 것은 사랑 때문입니다"

그녀가 그렇게 하는 이유 혹은 목적은 〈원함〉과 〈원하지 않음〉의 결합이다. 사람들이 나에게 왜 부자가 되기를 원하는지 그 이유를 물을 때, 나는 그것은 깊은 감정적 〈원함〉과 〈원하지 않음〉의 결합이라고 대답했다.

몇 가지 예를 들어보겠다. 먼저 〈원하지 않음〉이다. 이것들이 〈원함〉을 만들어 낸다.

나는 평생 일하기를 〈원하지 않는다〉, 나는 부모님이 동경한 안정적인 직업과 교외의 집을 〈원하지 않는다〉, 나는 고용인이 되기를 〈원하지 않는다〉, 나는 우리 아버지가 일 때문에 너무 바빠서 늘 내 풋볼 경기에 오지 않았음을 싫어했다. 나는 아버지가 평생 일을 했고 돌아가셨을 때 정부가 아버지가 일한 것의 대부분을 가져갔음을 싫어했다. 아버지는 돌아가셨을 때 자신이 그렇게 열심히 일한 대가조차 자식들에게 넘겨줄 수 없었다. 부자들은 그렇게 하지 않는다. 그들은 열심히 일하고 그것을 아이들에게 넘겨준다.

이제는 〈원함〉이다. 나는 자유롭게 세상을 여행하길 원하고, 내가 좋아하는 방식대로 살길 원한다. 나는 젊었을 때 그렇게 되길 원했다. 나는 무엇보다 자유롭길 원한다. 나는 내 시간과 인생을 통제하길 원한다. 나는 돈이 나를 위해 일하게 만들고 싶다.

이것들이 내 뿌리 깊은 감정상의 이유들이다. 당신은 어떤가? 그 이유들이 충분히 강하지 않으면, 그때는 앞에 놓인 현실의 길이 더 클 수 있다. 나는 그동안 돈을 잃은 적도 많고 여러 차례 물러선 적도 많다. 하지만 내 마음 깊은 곳의 감정적 이유들이 나를 계속해서 나아가게 만들었다. 나는 마흔 살까지는 자유롭길 원했다. 하지만 나는 마흔일곱 살이 되어서야 많은 경험과 배움을 얻은 후에 자유를 얻게 되었다.

이미 얘기했듯이, 그렇게 되는 것은 쉽다고 말할 수 있다면 정말 좋겠다. 그러나 그것은 쉽지 않다. 하지만 어려운 것도 아니다. 강력한 이유나 목적이 없으면 삶에서는 무엇이든지 어렵기 마련이다.

두 번째, 선택의 힘: 나는 매일 선택한다.

이것이 사람들이 자유 국가에서 살고자 하는 주요 이유이다. 우리는 선택할 수 있는 힘을 원한다.

우리 손에 현금이 들어올 때마다, 우리에게는 미래에 부자가 될지, 가난한 사람이 될지 혹은 중산층이 될지 선택할 수 있는 힘이 생긴다. 우리의 지출 습관은 우리가 누구인지를 반영한다. 가난한 사람들은 가난한 지출 습관을 갖고 있다.

어렸을 때 내가 누린 혜택은 내가 모노폴리 게임을 아주 좋아했다는 것이다. 어느 누구도 나에게 모노폴리가 아이들 놀이라고 얘기하지 않았다. 그래서 나는 어른이 되어서도 그 게임을 계속했다. 나에게는 또 부자 아버지가 있어서 그분이 나에게 자산과 부채의 차이를 알려주셨다. 그래서 나는 이미 오래전에, 어린 소년이었을 때, 부자가 되기로 선택했다. 그리고 나는 내게 필요한 것은 진짜 자신을 얻는 법을 배우는 것뿐임을 알고 있었다. 내 가장 친한 친구인 마이크는 자산 부분을 넘겨받았다. 하지만 그 친구도 그것을 유지하는 법을 배우기로 선택해야만 했다. 많은 부잣집 가문들이 다음 세대에 자산을 잃는 것은 자산을 잘 지키도록 훈련받은 사람이 없었기 때문이다.

대부분의 사람들은 부자가 되지 않기로 선택한다. 인구의 90%에게 부자가 되는 것은 '너무나 골치 아픈' 일이다. 그래서 그들은 여러 변명거리를 만든다.

이런 변명의 문제는 그런 생각을 하기로 선택하는 사람들에게서 두 가지를 빼앗는다는 것이다. 하나는 시간으로, 이것은 우리의 가장 소중한 자산이다. 그리고 다른 하나는 배움이다.

돈이 없다는 이유가 배우지 않는다는 구실이 될 수는 없다. 하지만 우리 모두는 매일같이 그런 선택을 한다. 우리는 시간과 돈, 그리고 우리가 머릿속에 넣는 것을 갖고 무엇을 할지 선택을 한다.

이것은 선택의 힘이다. 우리 모두에게는 선택할 힘이 있다. 나는 부자가 되기로 선택하며, 매일 같이 그런 선택을 한다.

먼저, 교육에 투자하라. 사실 우리에게 있는 유일한 진짜 자산은 우리의 마음이다. 마음은 우리 스스로가 지배력을 행사할 수 있는 가장 강력한 도구이다. 내가 선택의 힘에 대해 얘기했던 것처럼, 우리 모두에게는 충분히 나이가 들었을 때 머릿속에 무엇을 넣을지에 대한 선택권이 있다. 하루 종일 MTV를 볼 수도 있고, 골프 잡지를 읽을 수도 있고, 도자기 강좌나 투자 전략에 관한 강좌를 들을 수도 있다. 선택은 우리가 한다. 대부분의 사람들은 먼저 투자에 대해 배우는 것에 투자하기보다 그냥 투자 상품을 사기만 한다.

부자인 내 친구 하나가 최근에 도둑을 맞았다. 그 친구의 집에 들어온 도둑들은 TV와 VCR을 가져가고 그 친구가 읽는 책은 모두 남겨두었다. 이 경우처럼 인구의 90%는 TV 수상기를 사며, 나머지 10%만이 사업 관련 서적이나 투자 관련 테이프를 산다.

그럼 나는 어떻게 할까? 나는 세미나에 참석한다. 나는 세미나가 적어도 이틀 이상인 것을 좋아한다. 왜냐하면 그 정도 기간이면 어떤 주체에 몰입할 수 있기 때문이다. 1973년에 나는 TV를 보고 있었다. 그런데 어떤 사람이 나와서 현금 없이 부동산을 사는 법에 대한 3일짜리 세미나를 광고했다. 나는 그 강좌에 385달러를 소비했고, 그 강좌는 나에게 적어도 2백만 달러를 벌어주었다. 하지만 더 중요한 것은, 그것이 내게 삶을 사주었다는 것이다. 나는 그 강좌 덕택에 남은 평생 일을 할 필요가 없게 되었다.

나는 매년 적어도 두 차례는 그런 강좌에 참석한다.

나는 오디오 테이프를 아주 좋아한다. 그 이유는 빠르게 되감을 수 있기 때문이다. 나는 피터 린치의 테이프를 듣고 있었다. 그런데 그 사람이 내가 절대로 동의하지 않는 무언가를 말했다. 나는 거만하거나 비판적으로 되지 않고 그냥 〈되감기〉를 누른 후 5분짜리 그 테이프의 내용을 20차례 이상 들었다. 어쩌면 더 많이 들었을 것이다. 그러다가 갑자기, 내 마음을 계속 열어둠으로써, 나는 그 사람의 엄청난 경험과 지식에서 놀라운 깊이와 통찰력을 얻었다.

나는 똑같은 문제나 상황에 대해 아직도 예전의 사고방식과 함께 피터 린치의 방식도 동시에 갖고 있다. 나는 하나가 아닌 두 가지 사고를 갖고 있다. 어떤 문제나 흐름을 분석하는 하나 이상의 방식을 갖고 있으며, 이것은 아주 소중한 것이다.

오늘날 나는 종종 이렇게 얘기한다. 〈피터 린치라면 이것을 어떻게 할까? 도널드 트럼프라면, 워런 버핏이라면, 조지 소로스라면?〉 내가 그들의 엄청난 정신적 힘에 접근하는 유일한 길은 그들이 하는 얘기를 겸손하게 읽거나 듣는 것이다. 거만하거나 비판적인 사람들은 위험을 두려워하는 자부심 낮은 사람들이다. 왜냐하면, 우리가 무언가 새로운 것을 배울 때, 그때 우리는 실수를 해야만 배운 것을 완전히 이해하기 때문이다.

당신이 여기까지 읽었다면, 거만함은 당신의 문제가 아닐 것이다. 거만한 사람들은 좀처럼 테이프를 사거나 책을 읽지 않는다.

그들은 왜 그럴까? 왜냐하면 그들은 자신을 우주의 중심이라고 생각하기 때문이다.

너무나도 많은 〈지적인〉 사람들이 새로운 생각이 자신들의 사고방식과 충돌할 때 논쟁을 벌이거나 기존의 자신들이 논리를 방어한다. 이 경우에는 그들의 〈거만함〉과 이른바 〈지성〉의 결합은 〈무지〉와도 같다. 우리 모두는 교육을 많이 받았거나 스스로 똑똑하다고 믿으면서도 자신의 대차 대조표는 엉망인 사람들을 안다. 정말로 지적인 사람은 새로운 생각을 환영한다. 새로운 생각은 다른 축적된 생각들의 상승효과에 보탬이 되기 때문이다. 듣는 것이 말하는 것보다 더 중요하다. 그렇지 않으면 신이 우리에게 귀 둘과 입 하나를 주지 않았을 것이다. 너무도 많은 사람들이 입으로만 생각하면서 새로운 생각과 가능성을 듣고 흡수하지 않는다. 그들은 논쟁만 하지 질문하지는 않는다.

나는 내 재산을 긴 관점으로 본다. 나는 대부분이 복권 구입자들과 카지노 도박사들이 갖고 있는 〈빨리 부자가 되는〉 사고방식을 좋아하지 않는다. 나도 주식을 사고팔기는 한다. 하지만 나는 교육을 중요시한다. 당신이 비행기를 조종하고 싶다면, 나는 먼저 공부를 하라고 권유한다. 나는 늘 주식이나 부동산을 사는, 하지만 가장 큰 자산인 마음에는 투자하지 않는 사람들을 보면서 놀라곤 한다. 당신이 어떤 집을 산다고 해서 부동산 전문가가 되는 것은 아니다.

세 번째, 협조의 힘: 친구들을 세심하게 선택한다.

무엇보다도, 나는 친구들을 선택할 때 경제적인 측면에서 선택하지 않는다. 내 친구들 중에는 아주 가난한 사람들과 매년 수백만 달러를 버는 사람들이 모두 있다. 나는 이들 모두에게서 배우며, 그들에게서 배우기 위해 의식적으로 노력한다. 물론 나도 때로는 그 사람이 돈이 있다는 이유로 사귀려 한다. 하지만 나는 돈 때문에 그러지는 않는다. 내가 원하는 것은 그들의 지식이다. 어떤 때는 돈이 있는 그런 사람들이 친한 친구가 되지만, 모두가 그러는 것은 아니다.

하지만 내가 지적하고 싶은 한 가지 차이가 있다. 나는 돈이 있는 친구들이 돈에 대해 얘기하는 것을 알게 되었다. 그렇다고 그들이 건방지게 구는 것은 아니다. 그들은 돈 문제에 관심이 있을 뿐이다. 그래서 나는 그들에게서 배우며, 그들은 나에게서 배운다. 경제적으로 곤경에 처해 있는 내 친구들은 돈이나 사업, 혹은 투자에 대해서 얘기하기를 좋아하지 않는다. 그들은 종종 그것이 무례하거나 지적이지 않은 것이라고 생각한다. 그래서 나는 경제적으로 고생하는 친구들에게서도 배운다. 그들을 통해 내가 하지 말아야 할 것을 알게 된다. 나에게는 짧은 기간 동안에 수십 억 달러를 번 친구들도 있다.

이들 가운데 세 사람은 같은 현상을 알려준다. 즉, 돈이 없는 그들의 친구들은 그들에게 와서 어떻게 그 많은 돈을 벌었는지를 묻는 법이 없단다. 그들이 와서 묻는 것은 두 가지 가운데 하나이다. 즉, 돈을 빌리거나 일자리를 얻으려는 것이다.

경고: 가난하거나 두려워하는 사람들의 말을 듣지 말라. 나에게는 그런 친구들이 있으며, 나는 그들을 아주 좋아한다. 하지만 그들은 삶의 〈꼬마 병아리들〉이다. 그들은 돈에 대해서는, 특히 투자에 대해서는 〈하늘이 늘 무너지고 있다〉고 생각한다. 그들은 당신에게 어떤 것이 작용하지 않는지 얘기할 수 있다. 문제는 사람들이 그들의 말을 듣는다는 것이다. 세상이 무너지는 얘기를 무심코 받아들이는 사람들 역시 〈꼬마 병아리들〉이다. 옛말에도 있듯이, 〈깃털이 같은 병아리는 서로 모인다〉. 투자 전문가들 사이에서도 종종 논쟁이 벌어진다. 어떤 전문가는 시장이 무너질 것이라고 얘기하고, 다른 전문가는 시장이 호황일 것이라고 얘기한다. 자신의 마음을 열어야 한다. 둘 모두에 나름대로 일리가 있기 때문이다. 아쉽게도 대부분의 가난한 사람들은 〈꼬마 병아리들〉의 말을 듣는다.

내 친구들 가운데는 나에게 어떤 거래나 투자에서 발을 빼도록 촉구하는 친구들이 더 많았다. 몇 년 전에 어떤 친구는 자신의 6%짜리 예탁 증서를 발견해서 기분이 좋다는 말을 했다. 그 친구에게 나는 정부 채권에서 16%를 번다고 얘기했다. 다음 날 그 친구는 나에게 내 투자가 얼마나 위험한지를 보여주는 기사를 보내왔다. 하지만 나는 지금까지 몇 년 동안 16%를 받았는데, 그 친구는 아직도 6%를 받는다.

내가 볼 때 재산 모으기의 가장 힘든 것 중 하나는 자신에게 솔직하고, 대중과 함께 가지 않는 것이다. 시장에서는 대개 대중이 가장 늦게 나타나 피해를 보기 때문이다. 멋진 거래가 기사에 오를 때는 대개의 경우 너무 늦은 것이다. 새로운 거래를 찾아라. 파도타기를 하는 우리들이 곧잘 얘기하듯이 〈늘 또 다른 파도가 있다〉. 서두르면서 제일 나중에 파도를 잡는 사람들은 대개 휩쓸려서 가게 마련이다.

영리한 투자가들은 시간에 쫓기지 않는다. 그들은 하나의 파도를 놓칠 때 다음 파도를 기다리고 제대로 포지션을 잡는다. 대부분의 투자가들에게 이것이 어려운 이유는 인기 없는 것을 사는 것이 그들에게는 두렵기 때문이다. 소심한 투자가는 군중과 함께 가는 양떼와 같다. 혹은 그들이 욕심을 내서 시장으로 들어올 때 현명한 투자가들은 이미 이익을 달성하고 앞으로 나아가 있다. 현명한 투자가들은 인기가 없는 투자 상품을 산다. 그들은 이익의 달성이 팔 때가 아닌 살 때임을 잘 안다. 그들은 끈질기게 기다린다. 아까도 얘기했듯이, 그들은 시간에 쫓기지 않는다. 파도타기를 하는 사람처럼, 그들은 포지션을 잡고 다음번 큰 파도를 기다린다.

〈내부자 거래〉가 인구에 회자되고 있다. 내부자 거래에도 합법적인 것이 있고 불법적인 것이 있다. 하지만 두 가지 모두 내부자 거래이다. 유일한 차이는 당신이 내부자에게서 얼마나 멀리 있는 가이다. 당신이 내부자에 가까운 부자 친구를 갖고 싶은 이유는 그곳에서 돈이 벌리기 때문이다. 정보가 돈을 벌어준다. 당신은 다음번 호황에 대해서 듣기를 원하고, 들어간 후에 다음번 불황 전에 나오고 싶어 한다. 그렇다고 불법적으로 하라는 말이 아니다. 하지만 더 빨리 알수록 최소한의 위험으로 이득을 올릴 가능성은 더 높다. 친구란 게 그런 것 아닌가. 그리고 그 친구는 금융 지능을 갖고 있는 것이다.

네 번째, 빠른 배움의 힘: 하나의 방식을 숙지하고 다음에 새것을 배워라.

빵을 만들려면 요리법을 따라야만 한다, 돈을 버는 것도 마찬가지다. 우리는 이런 말을 알고 있다. 〈먹는 대로 된다〉. 나는 같은 말을 다르게 표현한다. 나는 이렇게 얘기한다. 〈공부하는 대로 된다〉.

바꿔 말하면, 무엇을 공부하고 배워야할 것인지 세심하게 선택하라. 왜냐하면 우리의 마음은 아주 강력해서 머릿속에 넣는 대로 되기 때문이다. 예를 들어, 당신이 요리 공부하면 요리를 하게 된다. 그리고 당신은 요리사가 된다. 당신이 요리사가 되기를 원치 않는다면 다른 것을 공부해야 한다, 예를 들면 학교 선생님이다. 가르치는 법을 공부하면 대개는 선생님이 된다. 따라서 무엇을 공부할지 세심하게 선택하라.

돈에 관해서 일반 대중은 대체로 학교에서 배운 한 가지 기본 방식을 갖고 있다. 그것은 돈을 위해 일하는 것이다. 내가 볼 때 세상에서 가장 흔한 방식은 매일 수많은 사람들이 자리에서 일어나 일터로 가고, 돈을 벌고, 청구서를 처리하고, 수지를 맞추고, 뮤추얼펀드를 조금 사고 다시 일터로 가는 것이다. 이것이 기본 공식, 혹은 요리법이다.

당신이 지금 하는 일에 지쳤거나, 혹은 충분한 돈을 벌지 못한다면, 이제는 돈을 버는 공식을 바꿀 때가 되었다.

나는 스물여섯 살 때 다음과 같은 제목의 주말 강좌를 들었다. 〈경매 부동산을 사는 방법〉 나는 하나의 방식을 배웠다. 다음 단계는 내가 배운 것을 실제로 실천하는 것이었다. 바로 이 단계에서 대부분의 사람들은 중단한다.

나는 제록스 사에서 근무하던 3년 동안 여유 시간에 경매 부동산 사는 법을 배웠다. 나는 그 방식으로 수백만 달러를 벌었다. 하지만 이제는 너무 늦었고 너무 많은 사람들이 그렇게 하고 있다.

그래서 나는 그 방식을 숙지한 후에 계속해서 다른 방식들을 배웠다. 많은 경우에 나는 배운 것을 그대로 사용하지 않고 늘 새로운 것을 배우려 했다.

나는 그 동안 파생 상품 거래만을 위한 강좌들에 참석했고 현물 옵션 거래 강좌에도 참석했다. 나는 전혀 다른 사람들과 자리를 함께했다. 내가 있던 방에는 핵물리학과 우주 공학 박사들이 잔뜩 있었다. 하지만 나는 그 강좌들에서 많은 것을 배워 주식과 부동산 투자를 더 의미 있고 수지에 맞게 할 수 있었다. 그래서 나는 늘 더 빠른 방식을 찾는다. 이런 이유로 나는 많은 사람들이 평생 버는 것보다 더 많은 돈을 하루에 벌 때가 종종 있다.

빠르게 변하는 오늘날의 세상에서 자신이 아는 것은 그렇게 중요하지 않다. 왜냐하면 그것은 금방 낡은 것이 되기 때문이다. 문제는 얼마나 빨리 배우느냐에 있다. 이런 기술은 아주 소중한 것이다. 이런 기술은 더 빠른 방식을 찾는 데 아주 소중한 것이다. 돈을 위해 열심히 일하는 것은 동굴 시대에 탄생한 낡은 방식이다.

다섯 번째, 자기 통제의 힘: 먼저 자신에게 지불하라.

자신을 통제할 수 없다면 부자가 되려 하지 말라. 그런 경우에는 먼저 해병대나 종교 단체에 가입해서 자신을 통제하는 법을 배우는 것이 낫다. 그렇게 하지 않고 막 바로 투자를 하는 것은 아무 의미도 없다. 돈을 벌어봤자 금방 잃기 때문이다. 대부분의 복권 당첨자가 많은 돈을 받은 후에 금방 알거지가 되는 것도 이와 같은 자기 통제가 부족하기 때문이다. 급여가 인상되면 즉시 밖에 나가 새 차를 사거나 해외여행을 떠나는 것도 자기 통제가 부족하기 때문이다.

10가지 단계 중에서 어느 것이 가장 중요하다고 얘기하기는 어렵다. 하지만 그 모든 단계 중에서 이 단계를 습득하는 것이 가장 중요할 것이다. 나는 개인적인 자기 통제의 부족이 부자와 가난한 사람, 그리고 중산층을 구분 짓는 가장 중요한 요인이라고 생각한다. 간단히 말해서, 자부심이 낮고 금전적 압력에 대한 저항력이 낮은 사람은 절대로 부자가 될 수 없다.

이미 얘기했듯이, 내가 부자 아버지에게서 배운 교훈은 〈세상이 나를 내두르고 있다〉는 것이다. 세상이 우리를 내두르는 것은 다른 사람들이 협박하기 때문이 아니라 각각의 개인에게 내적인 통제력이 부족하기 때문이다. 내적인 의지가 부족한 사람은 종종 자기 통제력이 있는 사람의 밥이 된다.

내가 가르치는 창업 강좌에서 나는 늘 사람들에게 제품이나 서비스에 초점을 맞추지 말고 관리 기술을 개발하는 데 초점을 맞추라고 강조한다. 자기 사업을 시작하는 데 필요한 가장 중요한 세 가지 관리 기술은 다음과 같다.

1. 현금 흐름 관리
2. 사람 관리
3. 개인적 시간 관리

나는 이 세 가지를 관리하는 기술이 사업 뿐만 아니라 모든 것에 적용된다고 생각한다. 이 세 가지는 당신이 개인으로서, 혹은 가족이나 사업이나 자선 단체, 혹은 도시나 국가의 일원으로서 삶을 영위하는 데 중요한 것들이다. 이런 기술들은 각각 자기 통제력을 습득하면 강화된다. 나는 〈먼저 자신에게 지불하라〉는 말을 가볍게 여기지 않는다.

〈먼저 자신에게 지불하라〉는 말은 조지 클라센이 쓴 『바빌론의 최고 부자(The Richest Man in Babylon)』라는 책에 나온다. 이 책은 그동안 수백만 부가 팔렸다. 그러나 수백만의 사람들이 그 강력한 문구를 자유롭게 반복하지만, 그 충고를 따르는 사람은 거의 없다.

이미 얘기했듯이, 금융 지식이 있으면 숫자를 읽을 수 있고, 숫자는 이야기를 말해준다. 나는 어떤 사람의 수입 계산서와 대차대조표를 보면 〈먼저 자신에게 지불하라〉고 말하는 사람들이 실제로 그것을 실천하는지 금방 알 수 있다.

하나의 그림이 백 마디의 말보다 나을 것이다. 그래서 이번에도 먼저 자기에게 지불하는 사람들과 그렇지 않은 사람들의 금융 명세서를 아래 그림으로 요약했다

▶먼저 자신에게 지불하는 사람들

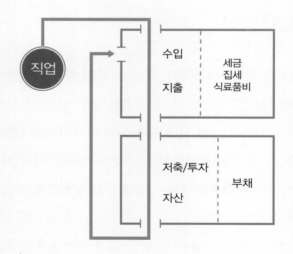

이 그림을 보면서 무언가 차이를 발견할 수 있는가. 이번에도 중요한 것은 현금 흐름을 이해하는 것이다. 그것이 이야기를 말해준다.

대부분의 사람들은 숫자를 보면서 이야기를 놓친다. 당신이 정말로 현금 흐름의 힘을 이해할 수 있다면 다음 페이지의 그림이 왜 잘못된 것인지, 혹은 왜 대부분의 사람들이 평생 열심히 일하고도 나중에 사회 보장 같은 정부의 지원을 필요로 하 지 금방 알 것이다.

위의 그림은 먼저 자신에게 지불하는 사람들의 행동을 나타낸다. 이들은 매월 자산 부분에 돈을 할당한 후에 월간 지출을 지불한다. 수백만의 사람들이 클라센의 책을 읽었고 〈먼저 자신에게 지불하라〉는 말을 이해하지만, 실제로 그들은 맨 나중에 자신에게 지불한다. 이제 나는 자신의 청구서를 먼저 지불해야 한다고 신실하게 믿는 당신의 외침을 들을 수 있다. 그리고 나는 제때에 청구서를 지불하는 그 모든 〈책임 있는〉 사람들의 외침을 들을 수 있다. 그렇다고 무책임하거나 청구서를 지불하지 말라고 얘기하는 것은 아니다. 내가 말하는 것은 그 책이 얘기하는 〈먼저 자신에게 지불하라〉를 실천하라는 것뿐이다. 그리고 앞의 그림은 그런 행동을 정확하게 설명하는 그림이다. 하지만 다음의 그림은 그렇지 않다.

▶먼저 다른 사람들에게 지불하는 사람. 이들에겐 남는 것이 아무것도 없다.

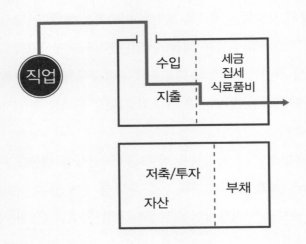

아내와 나는 〈먼저 자신에게 지불하라〉를 이런 식으로 보는 데 큰 문제를 갖고 있는 많은 회계사와 은행가들을 고용한 적이 있다. 이들 금융 전문가들도 일반 대중과 똑같이 행동하기 때문이다.

그러니까 맨 나중에 자신에게 지불하는 것이다. 이들은 먼저 다른 사람들에게 지불한다. 나도 살면서 어떤 이유에서건 현금 흐름의 양이 청구서 액수보다 훨씬 적었던 때가 있었다. 그래도 나는 먼저 나에게 지불했다. 내 회계사와 은행가는 소리를 지르며 경악했다. 〈그들이 당신을 잡으러 올 거예요. 국세청이 당신을 감옥에 넣을 거라구요〉, 〈당신은 신용 등급을 망치게 될 겁니다〉,

〈그들이 전기를 끊을 거라구요〉.

그래도 나는 먼저 나에게 지불했다. 〈왜 그렇게 했나요?〉 당신은 이렇게 물을 것이다. 왜냐하면 그것이 『바빌론의 최고 부자(The Richest Man in Babylon)』에서 말하는 핵심 내용 즉, 자기 통제의 힘과 내적인 의지의 힘이기 때문이다. 덜 우아하게 표현하면 〈배짱〉이다. 내 부자 아버지가 내가 그분을 위해 일하던 첫 달에 가르쳤듯이, 대부분의 사람들은 세상이 자신을 내두르도록 허용한다. 청구서 처리인은 전화를 걸어 〈제때 지불하든지 아니면….〉이라고 말한다. 그러면 당신은 청구서 금액을 지불하고 자신에게는 지불하지 않는다. 배짱을 갖고 흐름에 맞서면서 부자가 되라. 당신은 약하지 않을 수도 있다. 하지만 돈에 대해서는 많은 사람들이 약한 측면을 보인다.

그렇다고 무책임하라는 말은 아니다. 나에게 신용 카드 빚과 부채가 많지 않은 이유는 먼저 자신에게 지불하고 싶기 때문이다. 내가 수입을 최소화하는 이유는 그것을 정부에 지불하고 싶지 않기 때문이다. 그래서 내 수입은 네바다에 있는 회사를 통해 내 자산 부분에서 나온다. 내가 돈을 위해 일하면 정부가 그것을 가져간다.

그래서 나는 청구서는 나중에 지불하지만 재정적으로 힘든 상황에 처하지는 않는다. 나는 소비자 대출을 좋아하지 않는다. 사실 나에게도 대부분의 사람들보다 많은 부채가 있다. 하지만 나는 그것을 지부하지 않는다. 내 부채는 다른 사람들이 지불한다. 그들은 임차인들이다. 따라서 먼저 자신에게 지불하는 첫 번째 규칙은 애초에 빚을 지지 않는 것이다. 나는 청구서를 나중에 지불하지만 작고 중요하지 않은 청구서만 있게 만들고 그것만을 지불하게 만든다.

가끔 내게도 수입이 부족할 때, 그때도 나는 먼저 나에게 지불한다. 나는 채권자들과 정부까지도 소리를 지르게 내버려둔다. 나는 그들이 거칠어지는 것을 좋아한다. 왜? 왜냐하면 그 사람들이 내게 호의를 베풀기 때문이다. 그들이 내게 밖에 나가서 더 많은 돈을 벌라고 자극한다. 그래서 나는 먼저 나에게 지불하고, 돈을 투자하고, 채권자들이 소리치게 내버려둔다. 어쨌든 나는 대체로 그들에게 즉시 지불한다. 아내와 나에게는 높은 신용 등급이 있다. 다만 우리는 압력에 굴복해서 저축을 지출하거나 주식을 팔아 소비자 대출을 갚지 않을 뿐이다. 그것은 재정적으로 현명한 일이 아니다. 따라서 해답은 다음과 같다.

❶ 많은 빚을 지지 말라. 지출을 낮은 수준으로 유지하라. 먼저 자산을 구축하라. 그런 후에 큰 집이나 좋은 차를 사라. 쥐 경주(도박)에 빠지는 것은 현명하지 못하다.

❷ 수입이 부족할 때에는 지불 압력이 높아지도록 그냥 내버려두고, 저축한 돈이나 투자한 돈에는 손대지 말라. 그런 압력을 이용해 천재성을 고취시켜 돈을 더 버는 방법들을 찾아내고 그런 후에 청구서를 지불하라. 그렇게 하면 돈을 버는 능력도 더 높아지고 금융 지능도 더 높아질 것이다.

나는 그동안 재정적으로 곤경에 처한 적이 아주 많았다. 그때마다 나는 머리를 사용해 더 많은 돈을 벌었고, 그러면서 자산을 끈질기게 방어했다. 가난한 사람에게는 가난한 습관이 있다. 그중 한 가지 나쁜 습관은 〈저축한 돈에 손을 대는〉 것이다. 부자들은 저축한 돈은 돈을 더 버는 데만 사용하고 청구서 지불에는 사용되지 않음을 잘 안다.

이것이 힘든 소리임을 나도 잘 안다. 하지만 이미 얘기했듯이, 힘든 것을 극복하지 않으면 세상이 당신을 내두르고 만다. 이런 압력이 마음에 들지 않으면 나름대로 맞는 방식을 개발하라. 한 가지 좋은 방식은 지출을 줄이고, 돈을 은행에 넣고, 자신의 적절한 몫보다 많은 세금을 내고, 안전한 뮤추얼 펀드를 사고, 평균적인 사람이 되는 것이다. 하지만 이 방식은 〈먼저 자신에게 지불하라〉는 규칙에 위배된다.

이 규칙은 자기희생이나 재정상의 금욕을 권장하지 않는다. 그것은 먼저 자기에게 지불하고 굶어죽으라는 뜻이 아니다. 그것은 인생은 즐기기 위한 것이다. 당신이 금융 천재성을 불러일으키면 즐겁게 살 수 있고, 부자가 될 수도 있고, 청구서를 처리하면서도 즐거운 삶을 희생할 필요가 없다. 이것이 금융 지능이다.

여섯 번째, 좋은 조언의 힘: 중개인들에게 잘 지불하라.

나는 종종 사람들이 자기 집 앞에 이런 표식을 붙이는 것을 본다. 〈주인이 직접 팝니다〉 혹은 TV에서 많은 사람들이 자신들이 〈할인 중개인〉이라고 주장하는 것을 본다.

내 부자 아버지는 그와 반대되는 방식을 가르쳤다. 그분은 전문가들에게 잘 지불해야 한다고 생각했고, 나 역시 그런 생각을 받아들였다. 현재 나에게는 수임료가 비싼 변호사, 회계사, 부동산 중개인, 그리고 주식 중개인들이 있다. 왜냐하면 그들이 정말로 전문가라면 나에게 돈을 벌어주기 때문이다. 그리고 그들이 더 많은 돈을 벌수록 나도 더 많은 돈을 번다.

우리는 정보화 시대에 살고 있다. 정보는 소중한 것이다. 좋은 중개인은 정보도 제공하고 시간을 내서 교육도 시켜준다. 나에게는 그런 일을 기꺼이 해줄 몇몇 중개인들이 있다. 그중에서 일부는 나에게 돈이 거의 없을 때 나를 가르쳤다. 그리고 나는 지금도 그들과 함께 있다.

내가 중개인에게 지불하는 액수는 그들이 제공하는 정보 때문에 내가 벌게 되는 돈에 비하면 아주 작은 것이다. 나는 내 부동산 중개인이나 주식 중개인이 많은 돈을 버는 것을 좋아한다. 왜냐하면 그것은 대개 나도 많은 돈을 벌었음을 의미하기 때문이다.

좋은 중개인은 내 시간을 절약해 주고 돈도 벌게 해준다. 가령 나는 어떤 빈 집터를 9천 달러에 사서 즉시 2만 5천 달러에 넘긴 적이 있다. 그래서 나는 포르쉐를 더 빨리 살 수 있었다. 중개인은 시장에 대한 우리의 눈과 귀이다. 그들이 매일 시장에 있기 때문에 나는 그곳에 있을 필요가 없다. 그 시간에 나는 골프를 친다.

그리고 자기 집을 직접 파는 사람들은 시간을 중요하게 생각하지 않는 사람들이다. 그 시간에 더 많은 돈을 벌거나 내가 좋아하는 일을 할 수 있는데 왜 몇 달러를 아끼려 하는가? 내가 웃기게 생각하는 것은 너무도 많은 가난한 사람들과 중산층 사람들이 식당 종업원에게는 서비스가 나빠도 15~20%의 팁을 주면서 중개인에게는 3~7%의 수수료를 주는 것을 아까워한다는 점이다. 그들은 지출 부분에 있는 사람들에게 팁을 주는 것과, 자산 부분에 있는 사람들에게 인색한 것을 즐긴다. 이것은 현명한 것이 아니다.

모든 중개인이 동등한 것은 아니다. 아쉽게도 대부분의 중개인은 세일즈맨에 불과하다. 나는 부동산 세일즈맨들이 최악이라고 생각한다. 그들은 부동산을 팔지만 자신들은 부동산이 거의 없다. 그리고 금융 전문가임을 자처하는 주식, 채권, 뮤추얼 펀드, 혹은 보험중개인들도 마찬가지이다. 동화 속 얘기처럼 아주 많은 개구리에게 키스를 해야 왕자를 찾을 수 있다.

다름과 같은 경구를 기억하라.

〈백과사전 세일즈맨에게 당신에게 백과사전이 필요한지 절대 묻지 말라.〉

나는 내가 급여를 지불하는 전문 중개인들을 면접할 때 그들이 개인적으로 얼마나 많은 부동산이나 주식을 갖고 있는지, 그리고 세금으로는 몇 퍼센트를 내는지 먼저 묻는다. 이것은 내 세금 변호사와 회계사에게도 적용된다. 내 회계사 가운데 한 사람은 자신의 사업체를 갖고 있다. 그녀의 직업은 회계사이지만 부동산을 사업으로 활용하고 있다. 예전에 있던 회계사는 부동산을 전혀 갖고 있지 않았다. 나는 우리가 같은 사업을 좋아하지 않았기 때문에 그를 다른 사람으로 바꿨다.

자신의 이익을 가장 잘 대변할 수 있는 중개인을 찾아라. 많은 중개인들은 시간을 내서 당신을 교육시켜 줄 것이고, 그들은 당신이 찾을 수 있는 최상의 자산이다. 공평하게 대하면 그들도 공평하게 대할 것이다. 그렇지 않고 수수료를 깎으려고만 들면, 그들이 왜 당신 곁에 있으려 하겠는가? 그것이 아주 간단한 논리이다. 앞서 얘기했듯이, 관리 기술의 한 가지는 사람의 관리이다. 많은 사람들이 자신들보다 덜 똑똑한, 그리고 자신들이 통제할 수 있는 사람들만 관리한다. 이를테면 부하 직원 같은 사람들이다. 많은 중간 관리자들이 중간 관리자에 머물면서 승진이 안 되는 이유는 밑에 있는 사람들과 일하는 법만 알았지 이에 있는 사람들과 일하는 법은 모르기 때문이다. 진짜 기술은 일부 기술적인 분야에서 당신보다 똑똑한 사람들을 관리하고 그들에게 정당한 대가를 지불하는 것이다. 이런 이유로 기업에는 이사회가 있다. 당신도 이사회를 두어야 한다. 이것 역시 금융 지능이다.

일곱 번째, 공짜로 무언가를 얻는 힘: 〈인디언식 주기〉를 하라.

최초의 백인 정착민들이 미국에 왔을 때, 그들은 일부 미국 인디언들의 문화적 관습에 깜짝 놀랐다. 예를 들어, 백인 정착민이 감기가 들면, 인디언은 그 사람에게 담요를 주었다. 그것을 선물로 착각한 정착민은 종종 인디언이 그것을 돌려달라고 할 때 기분이 상했다.

인디언들 역시 정착민들이 그것을 돌려주지 않으려 하자 기분이 상했다. 이런 연유로 〈인디언식 주기〉라는 말이 나왔다. 그것은 문화적인 오해에서 비롯된 것이다.

〈자산 부분〉의 세계에서는 인디언식 주기가 재산 형성에 필수적이다. 현명한 투자가의 첫 번째 질문은 〈내가 얼마나 빨리 돈을 되찾을 수 있을까?〉이다. 그들은 또 공짜로 얻을 수 있는 것이 무엇인지도 알고 싶어 한다.

예를 들어, 나는 내가 사는 곳 근처에서 경매 대상인 작은 아파트를 발견했다. 은행은 6만 달러를 요구했고, 나는 5만 달러를 써냈다. 은행이 그것을 받아들인 이유는 내가 5만 달러짜리 현금 수표를 냈기 때문이다. 그들은 내가 진지하다고 생각했다. 대부분의 투자가들은 이렇게 말할 것이다.

〈그렇게 하면 많은 현금이 묶이지 않습니까? 그보다는 대출을 받는 것이 낫지 않을까요?〉

그 답은 이 경우에는 아니라는 것이다. 내 투자 회사는 그 아파트를 겨울 시즌에 휴가용 임대 아파트로 사용하고 있다. 그리고 임대료는 일 년에 4개월 동안 월 2천5백 달러이다. 비수기 때는 임대로가 월 1천 달러에 불과하다. 나는 3년쯤 후에 내 돈을 되찾았다. 이제 나는 그 자산을 갖고 있고, 그것이 나에게 돈을 벌어준다.

주식에서도 같은 일을 한 적이 있다. 내 중개인이 내게 자주 전화를 해서 상당한 액수의 돈을 자신이 보기에 주가가 오를 것 같은 움직임이 있는(이를 테면 신제품을 발표하려는) 회사에 넣도록 권유한다. 나는 일주일이나 한 달 동안 돈을 넣고 주가가 오르기를 기다린다. 그런 후에 나는 원래 액수를 빼내고 시장의 요동에 대해서는 걱정하지 않는다. 왜냐하면 원래의 돈은 되찾았기 때문이다. 그리고 나는 다른 자산으로 옮겨간다. 그래서 내 돈은 들어갔다 나오고, 나는 기술적으로 자유로운 자산을 소유한다.

물론 나도 돈을 잃은 적이 여러 차례 있다. 하지만 나는 잃어도 괜찮은 돈으로 게임을 한다. 나는 평균적으로 열 번의 투자를 하면 두 번이나 세 번은 홈런을 치고 대여섯 번은 아무 소득도 얻지 못한다. 그리고 두 번이나 세 번은 돈을 잃는다. 하지만 나는 그때 갖고 있는 돈으로만 손실을 제한한다.

위험성을 싫어하는 사람들은 돈을 은행에 넣는다. 장기적으로 저축은 아예 저축을 하지 않는 것보다는 낫다. 하지만 돈을 되찾는 데는 많은 시간이 걸리며, 대개 공짜로 얻는 것이 전혀 없다. 전에는 토스터를 주기도 했지만, 요즘에는 그런 선물도 거의 없다.

나는 투자를 할 때마다 무언가 신나는 것, 공짜인 것을 바란다.

아파트, 작은 창고, 한 조각의 빈 집터, 주택, 주식, 혹은 사무실 건물 등. 그리고 위험성은 제한적이거나 낮아야만 한다. 맥도널드의 레이 크록이 햄버거 체인점을 판 것은 햄버거를 좋아해서가 아니라 그렇게 해서 얻어지는 공짜 부동산을 원했기 때문이다.

그래서 현명한 투자가는 투자 회수율 이상의 것을 기대한다. 즉, 일단 돈을 되찾은 후에 공짜로 얻게 되는 자산 말이다. 이것 역시 금융 지능이다.

여덟 번째, 초점의 힘: 자산이 사치품을 산다.

내 친구의 아이가 주머니에 불로 구멍을 내는 괴상한 습관을 갖기 시작했다. 막 열여섯 살이 된 그 아이는 당연히 자기 자동차를 원했다. 그 녀석이 댄 구실은 〈자기 친구 부모들은 모두 아이들에게 자동차를 사주었다〉는 것이다. 그 아이는 저금을 빼내서 자동차 계약금으로 사용하려 했다. 바로 그때 그 아이의 아버지는 내게 전화를 했다.

〈그렇게 하도록 놔둬야 하나, 아니면 다른 부모들처럼 그 녀석에게 차를 사줘야 하나?〉

그 말에 나는 이렇게 대답했다.

〈그것은 자동차를 사달라는 압력을 단기적으로 줄일 수도 있네. 하지만 장기적으로 그 녀석에게 무엇을 가르치겠나? 차를 갖고 싶어 하는 그 욕망을 이용해 자네 아들이 무언가를 배우도록 하는 게 어떻겠나?〉

갑자기 밝은 빛이 들어왔고, 그 친구는 급히 전화를 끊었다. 두 달 후에 그 친구들 다시 만나게 되었다. 〈자네 아들이 새 차를 구했나?〉 내가 물었다.

〈아니, 그렇지는 않아. 하지만 내가 녀석에게 3천 달러를 주었네. 내가 그 녀석에게 대학 등록금 대신으로 내 돈을 사용하라고 말했지.〉

〈음, 아주 너그러운 행동이군.〉 내가 말했다.

〈그렇지도 않아. 그 돈에는 조건이 따랐지. 내가 차를 사겠다는 그녀석의 강한 욕망을 이용해 녀석이 무언가를 배우도록 하라는 자네의 충고를 받아들였지.〉

〈그럼, 그 조건이 무엇이었나?〉 내가 물었다.

〈음, 먼저 우리는 자네의 그 게임 '캐시플로'를 다시 열었어. 우리는 그 게임을 한 후에 오랫동안 돈의 현명한 사용에 대해 의논했지. 그런 후에 내가 녀석에게 「월 스트리트 저널」의 구독권을 주었지. 그리고 주식 시장에 관한 책도 몇 권 주었지〉

〈그런 후에는?〉 내가 물었어. 〈어떻게 하라고 얘기했나?〉

〈내가 녀석에게 그 3천 달러는 네 것이다. 하지만 그것으로 바로 차를 살 수는 없다고 말했지. 그 돈으로 주식을 사고팔거나 주식중개인을 찾을 수는 있다. 그리고 그 3천 달러로 6천 달러를 만들면, 그 돈은 차를 사는 데 써도 좋다. 그리고 나머지 3천 달러는 대학 등록금으로 써야 한다고 그렇게 말했지.〉

〈그래서 결과는 어떻게 되었는데?〉 내가 물었다.

〈음, 처음에는 거래에서 운이 좋았지. 하지만 며칠 후에 얻은 것을 모두 잃고 말았지. 그런 후에 녀석은 정말로 흥미를 갖게 되었어. 아마 2천 달러는 잃었을 거야. 하지만 흥미는 아주 높아졌지. 녀석은 내가 사준 책을 모두 읽었고 더 읽기 위해 도서관에 다니더군.「월 스트리트 저널」도 열심히 읽고, 주가 지수를 관찰하고, MTV 대신에 경제 뉴스를 시청하지. 이제는 1천 달러밖에 안 남았지만, 녀석의 관심과 배움은 아주 높아. 녀석은 그 돈마저 잃으면 2년은 더 걸어 다녀야 한다는 것을 알고 있지. 하지만 그 점에는 상관하지 않는 것 같아. 심지어 이제는 차를 사는 데도 관심이 없는 것 같더라고. 더 재미있는 게임을 발견했기 때문이지.〉

〈녀석이 그 돈을 모두 잃으면 어떻게 되나?〉 내가 물었다.

〈그건 그때 가봐야 알지. 차라리 지금 모두를 잃는 것이 우리 나이가 되어서 모두 잃는 것보다 더 낫지. 게다가 그 3천 달러는 내가 녀석의 교육에 썼던 그 어떤 돈보다 더 소중하다고. 녀석이 지금 배우는 것은 평생 도움이 될 것이고, 녀석은 이미 돈의 힘에 대해 새로운 관점을 얻은 것 같아. 이제는 불로 주머니에 구멍을 내는 일도 안 할 거야.〉

내가 〈먼저 자신에게 지불하라〉는 장에서 얘기했듯이, 어떤 사람이 자기 통제의 힘을 습득할 수 없다면, 부자가 되려고 하지 않는 것이 최선이다. 자산 부분에서 현금 흐름을 만드는 절차는 이론적으론 쉽지만, 돈을 관리하는 정신적 의지는 힘들기 때문이다. 오늘날의 외적인 소비 사회는 지출에 대한 유혹이 많기 때문에 지출 부분을 늘리는 것이 훨씬 더 쉽다. 약한 정신적 의지 때문에 그 돈은 최소 저항의 길로 접어든다. 이것이 가난과 금전적 고생의 원인이다.

나는 다음과 같은 금융 지능의 숫자적 예를 제시한다. 이 경우에는 돈을 관리해서 더 많은 돈을 버는 능력이다.

우리가 100명에게 연초에 1만 달러를 주면, 나는 연말에 다음과 같은 결과를 예측한다.

−80명은 남은 것이 전혀 없을 것이다. 사실 많은 사람들이 새 차나 냉장고, TV, VCR, 구입비 혹은 휴가 비용에 현금을 지출해서 더 많은 빚을 지게 될 것이다.

−16명은 그 1만 달러를 5~10% 정도 늘릴 것이다.

−4명은 그것을 2만 혹은 수백만 달러로 늘릴 것이다.

우리는 학교에 가서 전문 지식을 배워 돈을 위해 일한다. 내가 보기에는 돈이 자신을 위해 일하게 하는 법을 배우는 것도 중요하다. 나도 누구 못지않게 사치품을 좋아한다. 차이가 있다면, 다른 사람들은 외상으로 사치품을 산다는 것이다. 그것은 유행을 좇는 함정에 빠지는 것이다. 내가 포르쉐를 사고자 했을 때, 가장 쉬운 길은 내 은행에 전화를 걸어 대출을 받는 것이었다. 하지만 나는 부채 부분을 늘리지 않고 자산 부분에 초점을 맞추었다. 하나의 습관으로서 나는 소비하고 싶은 욕망을 이용해 내 금융투자의 천재성을 고취시키고 자극한다.

오늘날에는 너무 많은 사람들이 돈을 빌려 자신이 원하는 것을 얻으려 한다. 사람들은 돈을 만드는 데 초점을 맞추지 않는다. 전자는 단기적으로는 더 쉽지만 장기적으로는 더 어렵다. 이것은 우리가 개인으로서, 또 하나의 국가로서 갖게 되는 나쁜 습관이다. 쉬운 길은 종종 어려워지고 어려운 길은 종종 쉬워짐을 기억하라.

당신이 자신과 자신이 사랑하는 사람들을 훈련시켜 더 빨리 돈의 달인이 될수록 더 좋다. 돈은 강력한 힘이다. 아쉽게도 사람들은 돈의 힘을 불리하게 사용한다. 당신의 금융 지능이 낮다면 돈에 짓눌리게 된다. 돈이 당신보다 더 영리하게 군다. 돈이 당신보다 더 영리하면 평생 돈을 위해 일하게 된다.

〈돈의 달인〉이 되려면 돈보다 더 영리해야 한다. 그러면 돈은 지시받는 대로 일을 한다. 돈은 당신에게 복종하게 된다. 당신은 돈의 노예가 되는 대신 돈의 주인이 된다. 이것은 금융의 지능이다.

아홉 번째, 신화의 힘: 영웅의 필요성.

어렸을 때 나의 윌리 메이즈, 행크 아론, 요기 벨라를 아주 존경했다. 그들은 내 영웅이었다. 동네 야구를 하는 꼬마였던 나는 그들처럼 되고 싶었다. 나는 그들의 야구 카드를 보물처럼 여겼다. 나는 그들에 대해 모든 것을 알고 싶었다. 나는 그들이 타율, 진루율, 도루율, 연봉, 그리고 경기 성적을 잘 알고 있었다. 나는 그들처럼 되고 싶었기 때문에 모든 것을 알고 싶었다.

당시 열 살 안팎이었던 나는 타석에 서거나 1루를 보거나 포수를 할 때, 나는 내가 아니었다. 나는 요기나행크 였다. 이것은 우리가 배우는 가장 강력한 방식 가운데 하나이며, 우리는 종종 어른이 된 후에 이것을 잃는다. 우리는 영웅을 잃는다. 우리는 순진함을 잃는다.

요즘 나는 어린 꼬마들이 내 집 근처에서 농구하는 것을 지켜본다. 코트에 있는 그 아이들은 마이클 조던, 데니스 로드맨, 샤킬 오닐이다. 영웅을 모방하거나 흉내 내는 것은 정말로 강력한 배움의 방식이다. 그리고 그렇기 때문에 O.J 심슨이 살인범으로 지목되었을 때 그렇게도 법석이 일어난 것이다.

문제는 법정의 재판만이 아니다. 중요한 것은 영웅의 몰락이다. 사람들이 함께 자라고, 존경하고, 닮고 싶어 했던 누군가의 몰락이다. 갑자기 우리는 우리에게서 그 사람을 없애야만 한다.

나에게는 나이가 들면서 새로운 영웅들이 생겼다. 골프에서는 피터 재콥슨, 프레드 커플즈, 그리고 타이거 우즈가 영웅이다. 나는 그들의 스윙을 흉내 내면서 내가 알 수 있는 모든 것을 알려고 노력한다. 또 다른 영웅으로는 도널드 트럼프, 워런 버핏, 피터 린치, 조지 소로스, 그리고 짐 로저스가 있다. 나는 어렸을 때 야구 영웅들의 타율과 진루율을 알았던 것처럼, 그들이 실적을 잘 알고 있다. 나는 워런 버핏이 투자하는 것을 쫓아가며, 시장을 보는 그 사람의 관점에 대해서 모든 것을 알려 한다. 나는 피터 린치의 책을 읽고 그 사람이 어떻게 주식을 고르는지 배운다. 그리고 도널드 트럼프에 대해 읽으면서 그 사람이 어떻게 협상하고 거래를 성사시키는지 알려고 애쓴다.

내가 타석에 들어설 때 내가 아니었듯이, 나는 시장에 있거나 어떤 거래를 협상할 때 잠재적으로 트럼프의 용기를 흉내 낸다. 혹은 어떤 흐름을 분석할 때, 나는 피터 린치가 그 일을 하는 양 그것을 살펴본다. 우리에게 영웅이 있으면 엄청난 천재성의 힘을 빌려올 수 있다.

하지만 영웅은 단순히 자극을 주는 이상의 역할을 한다. 영웅은 상황이 쉽게 보도록 만든다. 상황이 그렇게 쉽게 보이면 우리는 확신을 갖고 그들처럼 행동하려 한다.

〈그들이 할 수 있다면 나도 할 수 있다.〉

투자에 관해서 너무 많은 사람들이 상황을 어렵게 만든다. 그러지 말고 그것이 쉽게 보이도록 만드는 영웅을 찾아라.

열 번째, 주는 것의 힘: 가르치면 받으리라.

내 두 분의 아버지는 모두 교사였다. 내 부자 아버지는 내가 평생토록 따라간 교훈을 가르쳤다. 그리고 그것은 자비로움, 혹은 주는 것의 필요성이었다. 공부를 많이 한 내 아버지는 시간과 지식의 측면에서 많은 것을 주었다.

하지만 돈을 준 적은 거의 없었다. 이미 얘기했듯이, 그분은 대개 돈이 더 생기면 주겠다고 얘기했다. 물론 돈이 더 생기는 경우는 거의 없었다. 내 부자 아버지는 돈과 함께 배움도 주었다. 그분은 십일조를 굳게 믿었다.

〈무언가를 원한다면 먼저 주어야 한다.〉 그분은 늘 그렇게 얘기한다. 그분은 오히려 돈이 부족할 때 교회나 자선 단체에 돈을 주었다. 내가 여러분에게 줄 수 있는 교훈이 하나 있다면 바로 그것이다.

무언가가 부족하거나 필요하다고 느낄 때마다 먼저 원하는 것을 주어라. 그러면 그것이 푸짐하게 돌아올 것이다. 이것은 돈과 미소, 사랑, 그리고 우정에 대해서도 같다. 이것은 종종 사람들이 원하지 않는 것임을 나도 안다. 하지만 내 경우에는 늘 효과가 있었다. 나는 호혜의 법칙이 진실임을 굳게 믿으며, 그래서 내가 원하는 것을 준다. 나는 돈을 원하기 때문에 돈을 준다. 그러면 돈이 푸짐하게 돌아온다.

나는 판매를 원하기 때문에 다른 사람이 무언가를 팔도록 돕는다. 그러면 내게도 기회가 온다. 나는 계약을 원하기 때문에 다른 사람이 계약을 할 수 있도록 돕는다. 그러면 마술같이 계약할 수 있는 기회가 온다. 나는 이전에 다음과 같은 얘기를 들은 적이 있다. 〈신에게는 받을 필요가 없지만, 인간에게는 줄 필요가 있다.〉

내 부자 아버지는 종종 이렇게 얘기했다. 〈가난한 사람들이 부자들보다 더 욕심이 많다.〉 그분은 이렇게 설명했다. 어떤 사람이 부자이면, 그 사람은 다른 사람들이 원하는 무언가를 제공한다. 나는 지금까지 살아오면서 궁핍하거나 돈이 부족하거나 도움이 필요할 때마다 그냥 밖에 나가거나 내가 원하는 것을 내 마음속에서 찾았다. 그리고는 먼저 그것을 주기로 결심했다. 그리고 내가 주었을 때, 그것은 늘 내게 돌아왔다.

생각나는 이야기가 하나 있다. 어떤 사람이 어느 추운 겨울밤에 장작을 한 아름 안고 앉아 있다. 그리고 그 사람은 배불뚝이 난로에게 이렇게 소리친다. 〈네가 내게 열기를 주면 장작을 넣겠다.〉 그것은 돈, 사랑, 행복, 세일즈, 혹은 계약에 있어서도 마찬가지다. 우리가 알아야 할 것은 자신이 원하는 것을 먼저 주는 것이다. 그러면 그것이 뭉텅이로 돌아온다. 많은 경우에 내가 원하는 것을 생각하고 그것을 어떻게 다른 사람에게 줄 수 있는지 생각하는 과정만으로도 상당한 보상이 나타난다. 나는 사람들이 내게 미소 짓지 않는다고 느낄 때마다 먼저 미소를 지으면서 인사를 한다. 그러면 마술처럼 갑자기 더 많은 사람들이 주위에서 미소를 짓는다. 우리의 세상은 우리의 거울에 불과하다는 말은 진실이다.

그래서 나는 이렇게 얘기한다. 〈가르치면 받으리라.〉 나는 그동안 배움을 원하는 사람들을 신실하게 가르칠수록 나도 배움을 얻는다는 사실을 발견했다. 돈에 대해서 배움을 얻고 싶다면 다른 사람에게 그것을 가르쳐라. 그러면 엄청나게 많은 아이디어와 더 뚜렷한 대가가 찾아올 것이다.

때로는 내가 주어도 아무것도 돌아오지 않을 때도 있다. 혹은 내가 받는 것이 내가 원하는 것이 아닐 때도 있다. 하지만 다 자세히 관찰하고 진실을 탐구하면, 나는 종종 그런 경우에 주기 위해 주는 것이 아니라 받기 위해 주고 있었다.

우리 아버지는 교사들을 가르쳤으며 그래서 교사들이 교사가 되었다. 내 부자 아버지는 늘 젊은 사람들에게 자신의 사업 방식을 가르쳤다. 돌이켜보면 그분들은 아는 것을 너그럽게 주었기 때문에 더 똑똑해졌다. 이 세상에는 우리보다 훨씬 더 똑똑한 힘들이 많다. 우리가 그곳에 스스로 갈 수도 있지만, 그런 힘들의 도움을 받으면 더 쉽다. 우리에게 필요한 것은 자신에게 있는 것을 너그럽게 주는 것뿐이다. 그러면 그 힘들도 우리에게 너그러워질 것이다.

사랑의 미학(The Aesthetics of Love)
─「나누다 (to Share)」

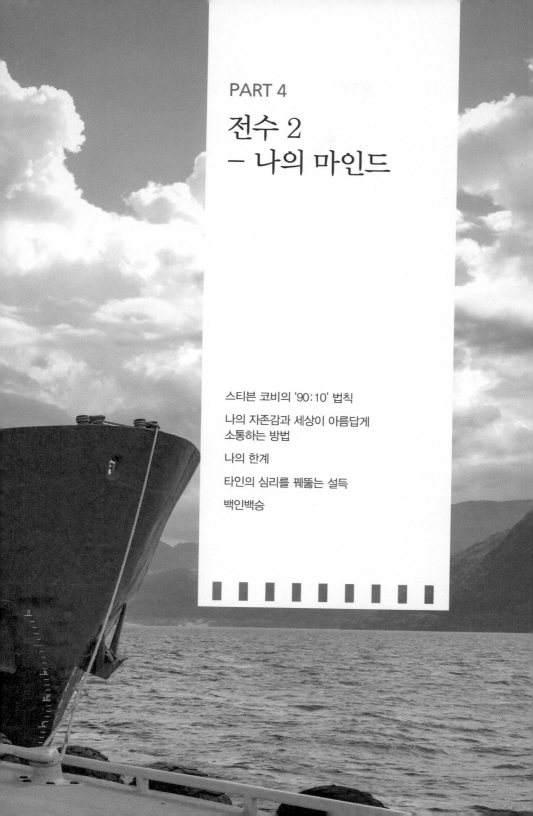

PART 4

전수 2
– 나의 마인드

스티븐 코비의 '90:10' 법칙

나의 자존감과 세상이 아름답게
소통하는 방법

나의 한계

타인의 심리를 꿰뚫는 설득

백인백승

미래를 계획하기
현재보다 더 나은 미래를 원한다면 멋진 미래의 모습을 마음속으로 그려라.
그것이 실현되도록 계획을 세워라. 지금 계획을 행동으로 옮겨라.

스티븐 코비의
'90:10의 원칙'

90대 10의 원칙을 발견해 보세요. 이것은 당신의 인생을 바꿀 것입니다. 이 원칙은 무엇일까요? 당신 인생의 10%는 당신에게 일어나는 사건들로 결정됩니다. 나머지 인생의 90%는 당신이 어떻게 반응하느냐에 따라 결정이 됩니다. 이것은 무엇을 의미할까요?

우리는 우리 인생에서 일어나는 10%를 전혀 통제하지 못 합니다. 예를 들어 자동차가 고장 나는 것을 막을 수 없습니다. 비행기가 연착하여 모든 일정을 엉망진창으로 만드는 것도, 어떤 운전자가 느닷없이 내 차 앞에 끼어드는 것도 어쩌지 못합니다. 이러한 일들이 바로 우리가 통제할 수 없는 10%에 해당되는 일입니다. 그러나 나머지 90%는 다릅니다.

그리고 그 남은 90%를 결정하는 것은 바로 당신입니다. 어떻게? 바로 '당신 반응'으로! 당신은 빨간 신호등을 조작할 수 없습니다. 하지만, 당신의 반응을 조정할 수는 있습니다. 당신은 당신의 반응을 통제할 수 있는 것입니다. 예를 하나 들어보겠습니다.

당신은 가족과 아침식사를 하고 있습니다. 당신의 딸이 커피 잔을 엎어서 당신의 정장 출근복 위에 커피를 쏟아 버립니다. 당신은 방금 일어난 일을 바꿀 수 없습니다. 그러나 당신이 어떻게 반응하느냐에 따라 다음에 일어날 일이 달라집니다.

당신은 화를 내고 욕을 하며 딸을 혼냅니다. 딸이 웁니다. 딸을 혼낸 뒤 당신은 아내에게 컵을 테이블 끝에 두었다고 비난합니다. 작은 말싸움이 따르겠지요. 발소리를 요란하게 내며 2층으로 올라가 옷을 갈아입습니다. 다시 아래층으로 내려와 보니, 딸은 우느라고 아침도 못 먹고 학교 갈 준비도 못해서 통학버스를 놓칩니다. 아내는 지금 당장 출근을 해야 합니다. 당신은 서둘러 딸을 학교에 태워다 줍니다. 당신은 늦었기 때문에 시속 30마일 구간을 40마일로 달립니다. 경찰관에게 딱지를 떼입니다. 15분이나 시간을 지체하고, 60불 속도위반 벌금을 물기까지 하며 학교에 도착합니다. 딸은 당신에게 인사도 안 하고 학교로 뛰어 들어갑니다. 회사에 20분이나 지각해서 도착하고 나서야 집에 서류가방을 놓고 온 것을 깨닫게 됩니다. 당신의 하루는 엉망진창으로 시작했습니다.

그리고 하루가 진행될수록 상황은 더욱 악화될 것 같습니다. 집에 가면 당신과 아내, 그리고 딸 사이가 불편할 것입니다. 또 다른 전쟁이 기다릴지도 모릅니다. 왜 그럴까요? 당신이 오늘 아침에 보여준 반응 때문입니다. 당신은 왜 나쁜 하루를 보냈을까요?

A) 커피가 원인입니까? B) 당신 딸이 원인입니까? C) 경찰관이 원인입니까? D) 당신이 원인입니까?

정답은 D입니다. 당신은 아침에 딸이 쏟은 커피에 대해서는 아무런 통제를 하지 못합니다. 그러나 당신이 보인 5초간의 반응이 당신의 나쁜 하루를 만들었습니다. 당신이 보였어야 하는 반응은 다음과 같습니다.

커피가 당신 정장에 쏟아집니다. 딸은 울음을 터뜨립니다. 당신은 다정하게 "괜찮아, 다음부터 더 조심하면 돼!"라고 말합니다. 그리고는 2층으로 올라가 옷을 갈아입습니다. 서류가방을 들고 내려옵니다. 창밖을 보니 딸은 통학버스에 오르고 있습니다. 딸이 뒤돌아보더니 손을 흔듭니다. 같이 손을 흔들어 줍니다. 당신은 5분 일찍 회사에 도착하여 동료들과 반가운 아침인사를 나눕니다. 두 가지 다른 시나리오의 차이를 느끼십니까?

둘의 시작은 같았습니다. 둘의 끝은 너무도 다릅니다. 당신이 어떻게 반응하느냐에 따라 달라지기 때문입니다. 당신은 인생의 10%인 일어나는 사건들을 통제할 수 없습니다. 나머지 90%는 당신이 어떻게 반응하느냐에 따라 달라집니다.

자동차가 고장 났다고 화를 내고 욕을 할 필요가 없습니다. 그것은 당신의 하루를 망치게 됩니다. 화를 낼 시간에 서비스차를 불러야 합니다. 비행기가 연착되어 당신의 스케줄이 엉키게 되었다고 해서, 왜 비행기 승무원에게 신경질을 부립니까? 그녀는 그 일에 대해 어떻게 할 수 없습니다. 신경질 부릴 시간에 신문이나 책을 읽으십시오.

운전 중에 누가 끼어들면 어떻습니까? 빵빵 눌러 대며 화를 냅니까? 운전대에다 화풀이를 합니까? 왜 스트레스를 받습니까? 그것은 상황을 악화시킬 뿐입니다. 수많은 사람들이 받지 않아도 되는 스트레스와 시험과 문제와 골칫거리에 시달리고 있습니다.

이제 90대 10의 원칙을 알았으니 삶에 적용해 보시지요. 아마 결과에 놀랄 것입니다. 우리가 행동하고, 주고, 말하고, 심지어 생각하는 모든 것은 부메랑과 같습니다. 우리에게 돌아오게 되어 있습니다. 우리가 받고 싶다면 우리가 주는 것을 먼저 배워야 합니다. 우리가 주면 빈손이 된 것처럼 느낄 수 있지만, 우리의 마음은 사랑으로 가득 찰 것입니다. 삶을 사랑하는 사람들은 그들의 마음이 사랑으로 가득하니까요.

나의 자존감과 세상이
아름답게 소통하는 방법

자존감이란?

미국 대통령 부부가 주유소에 갔다가 우연히 옛 고교동창을 만났다.

"오랜만이야. 그동안 잘 지냈어?"

"보다시피 난 미국의 퍼스트 레이디야."

"소식 들었어. 축하해. 근데 학창시절 내가 데이트 신청했던 거 기억나?"

"기억나지. 그 당시 우린 둘 다 젊었어."

돌아오는 길에 대통령이 영부인에게 물었다.

"당신이 저 남자와 결혼했으면, 당신은 지금 주유소 사장 부인이 되어있겠지?"

그러자 바로 영부인은 이렇게 대답했다.

"아니, 바로 저 남자가 지금 미국 대통령이 되었을 거야."

자신이 어느 누구든 남편이 되는 사람을 대통령으로 만들었을 거라는 자신에 대한 엄청난 신뢰와 자신감의 표출, 바로 자존감입니다. 자존감이란 무엇일까요? 자아 존중감이라고도 합니다. 스스로 자신이 괜찮은 사람, 소중한 사람이라고 믿는 것을 말합니다. 자기 자신을 사랑하는 마음이라고도 할 수 있습니다.

자존감을 높여야 하는 이유

자존감이 낮은 경우, 남의 눈치를 보며 하루하루 전전긍긍 살아간다고 합니다. 자신감이 부족하므로 대인관계가 원만하지 않고 열등감도 심합니다.

자존감 VS 자신감

자존감은 자기 자신에 대한 감정입니다. 자신감은 자신의 신념에 대한 감정입니다.

자존감은 자기 자신을 바라봤을 때의 관점입니다. 자신감은 타인에게 비치는 자신의 감정입니다.

자존감은 타인과 비교하지 않습니다. 자신감은 타인과 비교하게 되며 열등감이 생기게 됩니다.

자존감을 높이면 자신감도 높아집니다.

자존감 높이는 방법

❶ 스스로 외모 칭찬하기

아침에 일어나자마자 거울을 보고 '어머 너무 예뻐(잘생겼어)!'라고 말한다.

❷ 부정적인 생각 버리기

갑자기 마음속에 부정적인 생각이 들기 시작 한다면 '멈춰'라고 외친다.

❸ 긍정적인 생각하기

마음의 힘은 위로를 통해서 강해진다고 한다.

❹ 작은 성공 경험을 늘려라

자존감이 낮은 이들은 실패에 대한 두려움이 높으므로 그 무엇도 시도하려 하지 않는다.

❺ 완벽이라는 강박에서 벗어나기

그 누구도 완벽하지 않다. 완벽할 수도 없다.

❻ 하루에 한 가지 나를 칭찬하자

나를 칭찬하자, 오늘 하루 어떤 점을 잘했는지, 어떤 모습이 좋았는지 자신을 칭찬해 주는 거다.

❼ 모든 감정을 기록한다

모든 사람의 마음에는 거울이 있다고 한다.

❽ 내 장점 파악하기

내가 평소 입었던 옷이나, 말투 등을 보고 들었던 주위 동료들이 칭찬해주었을 때를 기억한다.

세상을 아름답게 소통하는 방법

❶ 말을 독점하면 적이 많아지고, 적게 말하고 많이 들으면 내 편이 많아진다. 침묵보다 더 좋은 것은 없다.

❷ 목소리의 톤이 높아질수록 말의 뜻은 왜곡된다. 낮은 목소리가 힘 있는 법. 흥분하지 마라.

❸ 귀를 훔치지 말고 가슴을 흔드는 말을 하라. 듣기 좋은 소리보다 마음에 남는 진실한 말이 좋은 말이다.

❹ 내가 하고 싶은 말보다 상대방이 듣고 싶은 말을 하고 내가 하기 쉬운 말보다도 상대가 알아듣기 쉬운 말로 해라.

❺ 칭찬에 발이 달려있다면 험담에는 날개가 달려 있다. 말을 하는 사람에게도 듣는 사람에게도 득이 되는 험담은 멀리하고 칭찬을 자주해라.

❻ 뻔한 이야기보다 펀(Fun)한 이야기를 해라. 펀(Fun)한 이야기를 싫어하는 사람은 없다.

❼ 혀로만 말하지 말고 눈과 표정으로 말해라. 비언어적 요소가 언어적인 요소보다 더 힘이 있으니 항상 말을 조심하라.

❽ 입술의 30초가 가슴의 30년이 된다. 내가 하는 말 한마디가 누군가의 인생을 바꿀 수도 있다.

❾ 혀를 다스리는 것은 나지만 내가 뱉은 말은 나를 다스린다. 함부로 말하지 말고 한 번 말한 것은 책임을 진다.

❿ 앞에서 하지 못하는 말은 뒤에서도 하지 마라. 뒤에서 구시렁 거리는 말은 가장 비겁한 자들의 언어다.

나의 한계

행복의 한쪽 문이 닫힐 때, 다른 한쪽 문은 열린다. 하지만 우리는 그 닫힌 문만 오래 바라보느라 우리에게 열린 다른 문은 못 보곤 한다. ─헬렌 켈러

사람들은 완벽한 행복을 누리기를 원합니다. 그런데 속마음으로는 완벽한 행복에는 절대로 이룰 수 없다고 생각하는 것 같습니다. 왜냐하면 스스로 완벽한 사람이 아니기 때문이라는 생각을 가지기 때문입니다. 계속된 후회의 삶을 살고 있으며, 실수의 삶을 반복하다 보니 미래를 두려워하는 상태에서 과연 완벽한 행복을 누릴 수 있을까라는 의문을 갖기 때문입니다.

그러한 자신의 한계를 먼저 인정할 수 있어야 합니다. 부족하고 나약한 나의 한계를 인정할 수 있을 때, 이 한계를 뛰어넘으려는

노력을 할 수 있습니다.

그런데 그 한계는 전혀 생각하지 않으면서 그저 저절로 행복이 오기만을 원합니다. 막연한 행복이지요. 그래서 어떤 상황이 행복한지도 깨달을 수가 없습니다. 나의 한계를 발견해야 합니다. 그리고 그 한계를 뛰어넘으려는 노력을 아끼지 말아야 합니다. 그래서 그 한계를 조금이라도 뛰어넘었을 때 분명히 내게 찾아온 행복을 찾을 수 있을 것입니다.

세계적인 언론인 '살아있는 전설' 바바라 월터스에게 한 사람이 말했습니다.

"성공한 당신이 정말로 부럽습니다."

그러자 바바라 월터스는 웃으며 이렇게 대답했다고 하지요.

"제 직업이 부럽습니까? 그러면 제 인생을 당신의 인생과 통째로 바꿔볼까요? 저는 소녀 가장이었습니다. 아버지가 파산해서 무능력한 어머니와 장애를 가진 언니를 제가 먹여 살려야만 했습니다. 밥벌이가 절실해서 버티다 보니 지금 여기까지 왔을 뿐입니다."

자신의 한계를 뛰어넘기 위해 노력하다 보니 어느덧 사람들이 부러워하는 삶을 살게 되었다는 이야기이지요. 여러분은 지금 나의 한계를 어떻게 받아들이고 계신지요?

타인의 심리를 꿰뚫는 설득

설득의 예시 1

개업을 한 지 얼마 되지 않았을 때 보험회사분들이 엄청 많이 오더군요. 이 분들의 접근 방법을 우리는 눈여겨볼 만합니다.

전국 베스트 10위권에 있는 한 여성 보험설계사 한 분이 병원에 방문합니다. 소개를 받은 것도 아니고 생면부지입니다. 아주 화려하고 근사한, 작품에 가까운 꽃바구니를 만들어 갑니다. 접수 창구에 있는 여직원들은 꽃바구니를 보고 감탄을 연발합니다. 여직원들의 넋을 나가게 하는 것이지요. 그리고 원장님을 만나 뵙기를 청합니다.

여직원이 원장님께 가서 말하면 원장님은 "보험~!"이라면서 안 보겠다고 하시지요. 그런데 평소 같으면 "예" 하고 나갈 여직원이 "너무 멋지고 비싼 꽃바구니를 가져오셨던데요, 성의를 봐서 한

번 만나시는 게…."라고 말끝을 흐립니다.

첫인상에서 호감으로 각인된 여직원은 벌써 넘어간 셈입니다. 시시한 선물이 아니라 남들이 봐도 감탄스러운 멋진 선물은 그 사람을 더욱 값어치 있어 보이게 합니다.

원장님은 할 수 없이 '보험 이미 많이 들었다고 하지, 뭐!'라고 생각하며 방어태세를 굳건히 하고 들어오시라고 합니다.

"안녕하세요! 원장님~!"

밝게 인사하면서 자리에 앉습니다. 이분은 원장님을 무장해제 시키기 위해 이렇게 말합니다.

"저는 원장님께 보험 들라고 온 게 아닙니다. 제 고객들은 아주 상류층이 많습니다. 그분들 중에 성형하실 분들이 많습니다. 저는 보험으로 인연을 맺었지만, 이 인연을 평생의 인연으로 생각합니다. 사소한 일에도 소홀히 하지 않습니다. 그분에게 소개시켜 드릴 실력 좋은 성형외과 전문의 원장님을 찾아왔습니다."

자신과 원장님을 띄우면서 안심을 시키는 말을 계속하고 그 다음으로 말이 이어집니다.

"앞으로 제가 고객분들을 모시고 오면, 원장님은 저를 그냥 아는 척만 해주시면 됩니다."

원장님은 "좋지요, 뭐! 별로 해 될 것도 없네!"라고 허락합니다.

며칠 뒤부터 이분은 병원을 들락날락하기 시작합니다. 병원 직원들에게 큰소리로 인사하면서 거의 자기 집처럼 휘젓고 다니지요. 따라온 고객들은 주눅 들어 고분고분합니다. 그러다 몇 분이

수술도 하게 됩니다.

그렇게 몇 달 동안 환자분을 자주 모시고 오다가 어느 날 홀연히 혼자 옵니다. 자신이 상담한다고 하면서 이야기를 꺼내고 나서 드디어 본론을 얘기합니다.

"원장님! 저 좀 도와주세요. 남편은 집에서 놀고, 자식들 대학교 제가 다 보내는데, 이번 달에는 한 건도 못 했습니다. XXX 짜리 하나 들어 주세요!"

자신의 목표는 원래 OO인데 미리 크게 부르는 것입니다. 그러면 원장은 '그동안 한 걸 보면 한 건은 가입해줘야겠는데 XXX은 너무 많고 한 OO 정도로 해야겠다' 마음을 먹으면서 결국 OO을 가입하게 됩니다.

인생사가 모두 인간관계로 풀어나가는 것이고 설득을 해야 하는 경우가 많습니다. 『설득의 심리학』에 나오는 글은 다음과 같습니다.

'상대로 하여금 빚진 감정을 유발하라! 그러면 상대는 아무리 사소한 것이라도 반드시 그것을 보답하려는 마음이 생기게 된다.'

설득의 예시 2

미국의 한 도시, 거리에 점잖은 신사 한 분이 지나갑니다. 두 명의 보이스카우트 복장 어린이가 그 신사에게 접근합니다.

"아저씨, 저희들은 보이스카우트인데요, 보이스카우트 후원 사업으로 이번 주 토요일 서커스 공연을 하는데 표 하나만 사세요."

"얼만데?"

"20달러요."

속으로 '헉, 비싸네' 하고 놀란 신사는 아쉬운 듯 말합니다.

"미안! 나는 서커스 별로 안 좋아한단다."

실망한 표정의 두 어린이에게 신사는 약간 미안한 감정이 생기지만 걸음을 재촉한다.

"20달러는 너무 비싸잖아."

하면서. 그런데, 그 두 어린이가 다시 달려와서는 말한다.

"아저씨, 그러면 여기 후원용 캔디라도 하나 팔아주세요."

"얼만데?"

"하나 5달러요."

"그래, 2개 다오."

신사는 '캔디라도 하나 사줘야겠다. 나도 어릴 때 보이스카우트였었는데!'라는 마음이 들어 흔쾌히 캔디를 삽니다. 그리고 토요일이 되었을 때, 그 신사는 우연히 서커스가 열린다고 했던 공터를 지나게 되었습니다. 그러나 서커스단은 그 자리에 없었습니다. 즉, 애초부터 서커스가 열리지 않은 것입니다. 단지 캔디 하나를 5달러에 팔기 위한 심리전이었을 뿐.

설득의 예시 3

'삶을 여유롭게 하는 101가지 이야기' 중에서

인도에 동냥을 주로 하는 종교 단체가 있었습니다. 그런데 이 종교 단체는 머리를 빡빡 밀고 옷도 이상한 색깔에 북을 치면서 동냥을 하니 무서워 보여서 사람들이 가까이 오질 못했습니다. 그래서 종교 단체의 수입이 급격히 떨어졌습니다. 하지만 종교 단체 측에서는 그 이상한 복장이며, 화장, 북 소리에는 다 종교적인 의미가 있으므로 없앨 수가 없었습니다.

수뇌부들이 긴급회의를 열었습니다. 그 중에 심리학의 대가 한 명이 대책을 내놓습니다. 그 다음부터 이들은 인도 공항에 금방 도착한 관광객에게 적선 그릇을 내밀지 않고, "웰컴! 인디아!"라고 말하면서 꽃 한 송이를 건넵니다.

이상한 복장을 한 사람이 다가오는 게 무섭긴 했지만 반갑다고 꽃을 주니 고맙게 받고 지나가는데 홀연히 세워진 동냥 그릇, 그리고 반쯤 채워진 1달러짜리 지폐들이 보입니다. 꽃을 받아 든 모든 관광객들은 돈을 내라고 한 것도 아닌데 자동적으로 1달러짜리 지폐를 그릇에 넣습니다.

방금 도착한 관광객들은 손에 짐이 많아 꽃을 들고 가자니 번거롭고 귀찮기도 합니다. 그래도 보는 데서 꽃을 버릴 수도 없는 어정쩡한 상황에 놓입니다. 어쩔 수 없이 복도를 지나 코너를 도는데 꽃들이 수북이 담긴 깨끗한 휴지통이 보입니다. 관광객들은 또 자동으로 그 휴지통에 꽃을 버립니다. 도착한 관광객이 다 나가고 공항이 조용해질 때쯤, 누군가 휴지통에서 꽃을 반만 수거해 가고 동냥 그릇에서도 돈을 반만 집어갑니다.

꽃 한 송이를 줌으로써 '빚진 감정'을 유발시키는 것이 이 방법의 핵심이지요. 그 보험 베테랑이 처음으로 병원장에게 접근을 하던 그 설득의 기술처럼.

백인백승

이희호 여사 자서전 『동행』 중에서

김활란 박사는 1939년 한국인으로 첫 이화여전 교장에 올랐다. 1940년에 선교사들을 추방하고 학교 요직을 차지하고 들어온 일본인들은 김활란 교장을 핍박했다. 그들은 한복 대신 몸뻬 바지를 입게 하고 트레머리를 하도록 강요했다. 그리고 또한 창씨개명과 일본어 상용을 독려했다. 그런 가운데 철없는 학생들은 김활란의 서툰 일본말이 재미있어 까르르 웃었다. 나는 선망했던 인물이 망가지는 모습을 지켜본 셈이다.

김활란 박사는 표적이었다. 조선 여성을 대표하는 인물로 피할 수 없는 운명이었다. 30년 이상 지속된 식민지 조국은 언제 해방될지 모르는 캄캄한 터널 속이었다. 끝내는 학교 간판이 떼어지고 교장직에서 쫓겨났으며, 여기저기 끌려다니면서 일본인들이 강요하는 말을 하고 글 쓰는 아주 초라한 모습이 되었다. 당시 어용 매체 〈매일신보〉 등에 실린 글을 지금 읽어보면 그는 변명할 수 없는 친일파다. 1943년 12월 25일자 〈매일신보〉에 실린 글의 일부다.

반도 학생들은 우렁찬 진군을 일으키어 특별 지원병으로서 오는 1월 20일에는 영예의 입영을 하게 되었습니다. 이번 반도 학도들에게 열린 군문으로 향한 광명의 길은 응당 이화전문학교 생도들도 함께 걸어가야 될 일이지만 오직 여성이라는 한 가지 이유 때문에 참여를 못하는 것입니다. 그러나 싸움이란 반드시 제일선에서만 있는 것은 아닙니다. 이런 의미에서 우리 학교가 앞으로 '여자청년연성소 지도원 양성기관'으로 새로운 출발을 하게 된 것은 당연한 일인 동시에 생도들도 황국 여성으로서 다시없는 특전이라고 감격하고 있습니다.

바로 위의 조치로 이화여전이 문을 닫고 1944년 4월 초 재학생들은 강제로 졸업을 당했다. 2년 만에 졸지에 학업이 중단된 나는 망연자실한 채로 친구 몇 명과 함께 김활란 박사를 찾아갔다.

"선생님, 우린 앞으로 어떻게 해야 하나요?"

애처롭게 우리를 바라보시던 그분은 조용히 붓을 들고 글을 써 내려갔다. 명필로도 유명한 그분은 그 글을 내게 주셨다.

'白忍白承(백인백승)'

백번 참으면 백번 승리하리라. 일본인들에게 치욕을 당하면서 자신에게 다짐하는 말이었으리라. 그리고 제자들에게도 참고 살아남으라는 당부를 했다. 당시 학생들 사이에서는 '교장 직에 연연해 일본에 협조한다'는 빈정거림이 없지 않았다. 글을 받아 든 그때의 이심전심이 내 마음속에 오래도록 깊숙이 새겨져 지금 그를 위해 변명하는 용기와 의무감을 주고 있는 것인지 모른다. 당시 그의 심정을 자서전 『그 빛 속의 작은 생명』 중에서 인용한다.

  – 1944년 여름 나는 그들에게 끌려서 징병 유세를 다녀야 했다. 감시와 강요하에 살이 떨리고 양심이 질식할 징병 유세를 하지 않을 수 없었다. 한마디 한마디가 나의 영혼을 새카맣게 불태우듯 나를 어둡게 만들었다. 나는 그렇게 질질 끌려 다니면서 그때까지 이화를 지켜보겠다고 버둥거리며 남아 있다가 이러한 일마저 하게 되었다고 얼마나 후회했는지 모른다. –

  그가 정작 친일파였다면 일본어에 서툴지 않았을 것이라고 생각한다. 외국어는 목적을 갖고 선택하는 언어다. 1918년에 이화학당 대학부를 졸업할 때 그는 유창한 영어 연설로 유명했다. 똑똑한 여성의 대명사였던 그가 자발적 친일파였다면 그 도구인 일본어도 무척 잘할 수 있었을 것이다.

(주)메리디안 호남총판 전 대표 윤영일의 백인백승

임직원 최대 20명을 두고 연매출 20억 이상을 달성할 만큼 호남총판을 이끌며 젊은 나이에 승승장구한 시절이 있었습니다. 그러나 모기업인 메디슨과 함께 파산 처리되면서 나락에 빠졌습니다. 재기를 위해 여러 일들을 의욕적으로 도전해봤지만 좋은 결과를 만들진 못했습니다.

사랑하는 아내와 티 없이 잘 자라고 있는 아이들에게 현실적으로 생활할 수 있는 기본적 여건을 가장인 제가 어떻게든 해결해야 한다고 생각했습니다. 그래서 경남 거제시의 조선소에 입사하게 된 것이지요. 국내 3대 조선소는 조선소 사관학교라 생각하시면 됩니다.

입사 이후 반 배치되면 그때부턴 나이, 출신, 경력 다 필요 없이 입사순위에 따라 가게 됩니다. 저의 경우엔 족장 일에선 아무것도 모르는 초보이므로, 가장 먼저 하게 된 일이 물 당번이었습니다. 조선소 사람들은 힘든 일을 하기 때문에 사시사철 물과 음료, 그리고 커피를 필수로 챙겨야 합니다. 힘들게 일하는 동료들이 땀으로 범벅이 될 때 10리터짜리 물통에 물을 가득 담아 와서 잠깐잠깐씩 목을 축이는 청량제 역할을 해주었습니다.

이건 기본적인 일이라 충분히 감당할 수 있었습니다. 그런데 역시 사람은 감정의 동물이라 그런지, 평상시보다 힘든 일을 할 때 서로 간의 의사소통을 얼마나 잘 이끌어야 하는지 여러 번 느끼게 됩니다. 이때 포기하고 그만두어야겠다고 생각한 적이 정말 많았습니다.

한 예로 나이 어린 선임에게 비인격적인 말을 들어가면서 업무에 임할 때는 정말 모든 걸 다 벗어던지고 그만 두고 싶은 마음이 치밀어 올라왔었습니다. 결국은 "제 탓입니다, 참자, 참고 또 참자, 백인백승이라 하지 않았나!!"라고 되뇌며 참습니다.

또 다른 일을 말해보겠습니다. 조선소는 아주 소음이 심한 곳입니다. 그래서 업무에 임할 때 귀마개가 필수이기도 합니다. 이런 곳에서 선임이 일하다가 저 멀리 높은 곳에서 물량조달을 대기하는 저에게 필요한 물량을 몇 개씩 준비하라고 시킵니다. 그 물량을 준비하기 위해 초보 시절엔 그 물량에 어디에 있는지 몰라도 빨리 찾아와야 합니다. 그래서 거의 뛰다시피 하면서 어렵게 물량을 찾아 대기하고 있는데 나중에 그 선임이 확인해보고 "지금 정신이 있어, 없어! 내가 시킨 물량하고 하나도 맞지 않아, 전부 원위치 시키고, 다시 준비해 와!"하고 소리를 지릅니다.

이럴 땐 몸이 무너져 내리는 겁니다. 그 더운 여름, 체감온도 38도에 육박한 날씨에 3m 족장(20kg) 및 파이프 외 여러 가지 준비한 물량을 다시 원위치 시키라는 말입니다. 정말 이럴 땐 안전모를 벗어던지고 "너 당장 내려와!" 하면서 두들겨 패버리고 그만 둬버리고 싶은 생각이 납니다. 그러나 『동행』에도 나오듯이 백인백승! "백번 참으면 백번 승리한다."는 이 글귀가 저의 뇌리를 계속 스쳐 지나가고 '아~ 참자, 참자. 그러면 내가 승리하는 것이다!'를 반복해서 생각한 끝에 지금까지 쭉 버틸 수 있게 되었습니다.

PART 5

성장기

국민학교 시절

중학교 시절

고등학교 시절

대학교 시절과 첫 직장

물은 어떤 그릇에 담기느냐에 따라 모양이 달라지지만,
사람은 어떤 사람을 만나느냐에 따라 운명이 바뀐다.

국민학교 시절

제가 재기를 하기 위해 노력을 하는 과정을 생각해보니 그 훨씬 전 과거에 제가 성장하고, 사회에 진출하기까지의 과정에서 배운 것들이 지금도 활용을 할 정도로 저에게 밑거름이 된 것이 아니었나 싶습니다. 그 과정을 또한 알려드리고 싶습니다.

저희 6남매(3남 3녀) 중 저는 다섯째로 태어났습니다. 형과 누나들에 비해 저와 남동생(국내 중견 게임전문 기업 부장)은 복을 많이 받고 태어났습니다.

가정이 어려웠던 집안에서 태어났지만 저와 동생은 정규교육과정을 모두 밟으며 배울 수 있었기 때문에 누님들과 형님에게 이 자리를 통해 감사하다는 말을 전하고 싶습니다. 정규교육과정을

저의 돌 사진

밟지 못한 형님, 누님들은 언제나 타에 모범이 되시며, 정도가 아니면 가지 않는 인성을 지니신 분들로, 저에게 있어 정말 삶의 모범으로 본받을 점들을 아주 많이 보여주시며 인생과 삶은 지식으로만 해결할 수 있는 것이 아니라는 걸 느끼게 하셨습니다.

전남 목포에서 태어나 목포달성국민학교를 4학년까지 다니다 저희 가족이 살고 있었던 죽교동 일대가 유달산 공원화사업에 속하면서 모든 집들이 철거되고 다른 곳으로 이사를 가는 과정에서 용해동에 있는 이로국민학교로 전학을 갔습니다.

국민학생 때 물장사를 하다

저는 국민학교 때부터 영업적인 기질을 타고 태어난 행동을 했었습니다. 한 가지 예를 들겠습니다.

국민학교 3학년 여름방학 때 일입니다. 목포의 삼학도와 유달산은 대표적인 관광지 중 하나입니다. 유달산은 유달동·대반동(大盤洞)·온금동(溫錦洞)·북교동(北橋洞)에 걸쳐 있고, 동쪽 기슭을 중심으로 목포 시가 있습니다. 해발고도가 228미터로 산정이 매우 날카

롭고 층층기암과 절벽이 많아 경치가 수려합니다. 산정에서는 아름다운 다도해와 목포 시 전경이 한눈에 펼쳐집니다. 다만 하나 있는 단점은 정상인 일등바위까지 물을 공급하는 곳이 한 곳도 없었다는 점입니다. 그래서 아주 많은 관광객들이 한여름 정상에 오르면 너무 더워하고 갈증에 지쳐 있는 모습을 보게 됐습니다.

그래서 "아! 물장사를 해야겠구나!"하는 생각이 뇌리를 스친 것입니다. 그 길로 바로 동네친구들을 규합하여 나의 사업구상을 말하고 "물만 떠 나르면 돈 벌 수 있다."고 제안하자 환호를 지르며 "나도 할게, 나도 할게."하면서 경쟁이 생겼습니다.

그렇게 친구들과 함께 조를 나누어 유달산 물장사를 했습니다. 그때 먹어보진 못했지만 1978년 짜장면 한 그릇에 80원 정도 했고 얼음과자(아이스께끼) 하나에 10원, 5원 하던 때였는데 저는 밥그릇에 물을 담아 1원씩 받고 관광객들에게 팔았습니다. 결과는 놀랍게도 관광객들에게 선풍적인 인기를 끌었습니다.

저희는 조를 나누어 4명이 한 조가 되어 물을 받아오고, 2명이 한 조가 되어 물장사와 수금하는, 유달산에서 물장사하는 아이들로 소문이 자자했습니다. 어떤 관광객께서는 어린아이들이 대단하다면서 한 그릇에 1원을 받았는데 5원도 주신 후한 인심을 보여준 분들이 계셨을 정도로 지금까지 간직하고 있는 좋은 기억 중 하나입니다. 여름방학 기간에 저희는 상당한 금액을 벌어 공평하게 그날그날 나눠 값지게 사용했던 기억이 생생합니다.

중학교 시절

중학교 입학 후 아버지께서는 직접 체육선생님을 찾아가셔서 "저희 아들을 태권도 선수로 만들고 싶습니다."라고 하시면서 저를 체육선생님 앞으로 끌고 가셨습니다.

중학교 때 키가 지금 키라면 여러분께서 믿으시겠습니까? 그때 키가 172cm였고 저의 생각인데 체육선생님께서는 아마 큰 키만 보고 저를 태권도 선수로 선택하신 것 같습니다.

그때부터 저는 수업을 4교시까지만 듣고 그 이후는 최병대 관장님이 계셨던 강무태권도 도장에서 태권도 연습을 하는 전형적인 엘리트체육의 절차를 밟았습니다.

말 그대로 학창시절 학업보다는 운동에만 전념하고, 그 실적으로 대학 진학을 하는 것이 엘리트체육으로, 국내 운동선수들의 전형적인 형태입니다. 초등학교부터 대학교까지 공부는 안 하고 수업시간에도 훈련을 합니다. 하지만 일본처럼 예외를 제외하고 다른 체육선진국 같은 경우 학업은 학교에서 운동은 클럽에서 합니다. 그저 취미일 뿐이죠. 하지만 그 사람들이 전문적인 프로선수가 되겠다고 하면 학업이나 다른 것을 차선으로 미루고 전문적인 코치 밑에서 훈련을 받습니다.

　외국 같은 경우 올림픽에 나오는 비인기종목선수들 같은 경우 다른 직업을 갖고 있는 경우가 많습니다. 평소에는 교사, 의사, 변호사 같은 직업을 갖고 있다가 국제시합에 출전하는 케이스죠. 일본의 경우 우리나라보다 사회체육시스템이 잘 잡혀 있지만 다른 선진국과 달리 학교체육을 기본으로 합니다. 교내 운동부(써클)가 있고, 선수들은 학업과 함께 운동을 겸하는 시스템입니다. 그중 인기종목 축구, 농구, 배구 등은 전국구의 명문학교에서 반쯤 엘리트체육시스템으로 선수를 훈련시키고 있고, 이런 학교로 진학하지 못하면, 더 이상 운동을 계속하기 힘든 상황이 됩니다. 하지만 운동부원들이 일정수준의 성적을 거두지 못하면 시합참가 불가, 유급 등이 있기 때문에 기본적인 공부를 해야 합니다. 우리나라 같은 경우 이런 시스템이 현재 없죠.

　중학교 태권도 선수생활을 하며 전교생이 다 알정도로 태권도 대회에서 많은 상을 수상하였습니다. 하나의 일화가 있는데 어느 날 저의 막내누님 댁에서 가족모임을 하는데 매형께서 먼저 사돈 가족분들을 소개 하고 막내누님이 저희 가족을 소개하면서 나를 소개하려니까 중학교 1년 후배인 매형 막내 사돈 동생이 갑자기 일어나서 하는 말이 "저는 윤영일 선배님을 알고 있습니다. 궁께 학교 다닐 때 월요일 전교생이 다 모여가지고 가운데 조회를 할 적 마다 거의 매번 교단에 올라가서 이름을 불러 상장과 메달을 받아가꼬 '윤영일' 이름을 자연스럽게 외워 브렀어요."라고 할 정도였습니다.

힘든 합숙생활에 단체로 도망가다

중학교 3학년 때 전국소년체전에 선발되어 출전키 위해 저희는 선발된 선수들이 단체 합숙훈련을 실시했습니다. 그런데 공교롭게도 그때 합숙소 감독님 성함이 저와 이름이 같은 김영일 감독님이셨습니다.

그런데 태권도는 체중에 따라 급이 나뉘는데 한창 클 나이며, 거의 하루일과를 운동으로 보내는 생활을 하고 있을 때라 먹는 것에 사활을 걸 정도로 많이 먹던 때였는데 저는 페더급(49~53kg) 체중에서 항상 2kg 정도가 오버였습니다. 그래서 식사 때마다 음식조절을 하고 항상 감독님께서 체크를 하실 정도로 곤욕을 치러야 했습니다.

물론 저만 그런 것이 아니라 라이트급, 미들급인 친구들도 마찬가지였습니다. 그때 가장 부러운 친구가 헤비급이었죠. 헤비급은 체중을 조절할 필요가 없이 정해진 체중 이상만 되면 출전할 수 있었으니까요.

저희는 전남대표로 장흥군에서 합숙훈련을 하였습니다. 체급이

핀급, 플라이급, 밴텀급, 페더급, 라이트급, 웰터급, 미들급, 헤비급 이렇게 8체급으로 나뉘어 있는데 8체급에서 광주 출신 2명 선발, 해남 1명, 목포 1명, 장흥 4명 순으로 많은 선수지역으로 훈련장소가 정해졌다고 들었습니다.

훈련을 하는데 장흥 천관산 723미터를 뛰어 올라가기를 하루에 3번씩 했습니다. 물론 뒤에서는 코치님과 감독님이 함께 따라오면서 뒤처지면 엄청 혼나기 때문에 뒤처지지 않으려고 혼신의 힘을 다했습니다. 그때는 너무너무 힘들고 피곤해서 포기하고 싶은 마음이 굴뚝같았습니다. 새벽에 일어나 조깅하고 아침 먹고 발차기 연습과 실전겨루기, 그리고 체력훈련, 점심 먹고 체력훈련과 실전겨루기까지. 그러던 어느 날 함께 훈련 중인 동료가 더 이상

합숙훈련을 못하겠다고 도망가겠다고 해서, 모두 한마음으로 일치하여 단체 행동을 하기로 했습니다. 그런데 어디로 도망을 갈까 고민하던 중 "영일아~ 너의 집으로 가자!"라고 동료들이 말했습니다. 난 순진하게 "알았어."하고 모두 다 함께 집으로 도망가게 되었습니다.

집으로 친구, 동생들과 함께 갔는데 아버지께서 보시고 깜짝 놀라시며 자초지종을 물으셨습니다. 저희는 누가 말할 것도 없이 서로 아버지에게 울먹이면서 "운동이 너무 힘들고 먹을 것도 주지 않고 인격적으로 너무 함부로 하고 무시하는 것 때문에 견디다 못해 이렇게 그냥 도망 나왔습니다."라고 저희가 가지고 있던 불만들을 한 번에 쏟아내었습니다. 그랬더니 아버지께서 저희들 말을 다 들어주신 후 "일단 가자." 하시면서 식당으로 데려가 음식을 마음껏 먹으라며 불고기를 사주셨습니다. 그때 아버지께서 밖으로 나가시는 걸 보면서 저희들은 오랜만에 마음껏 배 터져라 먹었습니다.

저희가 불고기를 맛있게 먹고 난 뒤 아버지께서는 태권도 감독님께 전화하시어 아이들이 모두 여기에 있으니 걱정 마시고 오늘 재워 내일 보낼 테니 심려 놓으시고 어린 마음에 힘들어 이런 돌발행동을 한 거라고 생각해주시라고 당부하셨다는 것을 알게 되었습니다. 중학교 시절 작은 이유가 있던 돌발행동과 반항이었습니다.

고등학교 시절

태권도 장학생으로 목포고에 스카우트되었으나…

중학교 때 태권도선수로 이름을 날려서 목포고등학교에 장학생으로 입학하게 되었습니다. 학교와 태권도 감독님께서는 많은 기대를 걸고 있다고 말씀하셨습니다. 선배님들도 입학 축하파티를 해주시고 저도 태권도로 이름을 날려 태권도를 세계화하면서 국제심판이 되고 싶은 꿈을 이루기 위해 틈틈이 영어공부도 하면서 1학년 생활을 멋지게 시작했습니다.

새벽에 일어나 집(국민학교 때부터 이사를 여러 번 함)에서 유달산 입구까지 뛰어 다시 집으로 다시 돌아오기까지 왕복 약 15킬로미터를 매일 반복하며 기초체력을 다졌습니다. 중학교 때와는 전혀 다른 고등학생의 선수층이기에 중학생의 티를 벗어던지고 기본인 체력을 최대한 끌어올리기 위해 새벽 15킬로미터와 밤 5킬로미터를 두

차례 뛰며 독하게 자기관리를 하였습니다.

그런데 1학년 2학기 때 전국체전 전남예선전을 준비하는 과정
에 3학년인 이광옥 선배님과 체육관에서 실전 같은 겨루기 연습
중 제가 왼발 내려찍기를 하는데 이광옥 선배님이 옆차기가 들어
오면서 나의 오른쪽 무릎을 뒤꿈치로 찼습니다. 그때 '악!' 소리
내며 나뒹굴어버렸습니다.

이것으로 나의 태권도 인생은 종지부를 찍게 되었습니다. 병원
에서는 태권도를 포기해야 한다고 의사선생님이 말씀하셨고, 저
또한 재활을 위해 1년을 몸부림을 쳐봤지만 오른쪽 무릎 부상은
그 뒤로 약 20년간 계속 따라오는 저승사자 같았습니다.

갑작스런 부상으로 모든 것이 바뀌어 버렸습니다. 낙담과 좌절
의 시기였습니다. 장래를 촉망받던 제가 부상으로 좋아하는 태권

도를 평생 할 수 없는 상황으로 몰리니 세상 아무것도 하고 싶은 것이 없었습니다. 태권도부를 그만둔 2학년 2학기부터는 일반학생과 같이 수업과 보충수업까지 다 하면서 학업을 하는데 처음엔 너무 힘들었습니다. 방황을 하게 된 것이죠. 그만큼 앞이 보이지 않았습니다.

그때 고등학교에서 가장 친했던 친구 중 악어라는 별명으로 불렸던 이수남이란 친구가 방황하고 있던 나에게 무언의 행동으로 바른길을 갈 수 있도록 도와주었습니다. 대학에서 무역을 전공하고 삼성SDS 해외영업팀을 맡은 뒤 지금은 우수한 영업력과 경력으로 미국 컴퓨터 전문 업체에 근무하며 가족들 모두 미국영주권을 취득하여 살고 있는 친구입니다.

키가 작았던 그 친구는 항공사의 파일럿이 되고 싶었으나 신체적 한계를 극복하지 못했습니다. 항공사 시험에 모든 과정은 합격을 했으나 최종 신체검사 중 신장에서 탈락한 다음 그 친구는 낙담하지 않고 긍정적인 마인드로 바로 현실을 인정했다고 합니다. 그리고 두 번째 목표였던 '세계를 누비며 자기 꿈을 펼치는 것'을 위해 해외 무역 관련 학과에 합격해서 열심히 사는 친구입니다.

그 친구가 제가 한창 부상으로 태권도를 포기하고 방황하던 저를 가만히 지켜보았다며 점심시간에 잠깐 이야기를 하자고 불러냈습니다. 조용한 운동장 나무 아래 벤치에서 친구 수남이는 "영일아~ 내가 일주일 정도 지켜보고 있었는데 상당히 힘들어하고 갈등하는 모습이 보이더구나. 친구인 내가 너의 상황을 이해는

하지만 너무 과거에 집착하는 모습이 안타깝다! 나였어도 그럴 수 있겠다 생각은 하지만, 되돌릴 수 없는 과거는 빨리 잊어버리고 앞으로의 희망과 너의 꿈, 그리고 목표를 정해서 달려가는 모습을 보여줬으면 한다!"

'아! 나의 꿈과 목표?!'

나는 머리에 망치로 한 대 얻어맞은 것 같은 충격을 받았습니다.

'그렇구나, 나의 목표와 꿈을 생각을 못했구나!'

목표와 꿈을 생각해서 이루어 나가기엔 현실적으로 상황이 좋지 않았었고 그 시간이 너무 짧았던 것이었습니다.

3학년 2학기가 되어 대입을 포기하고 88서울올림픽 기간이었던 1988년 9월 27일, 바로 입대를 했습니다. 입대하는 날 오전 이발소에서 머리카락을 자르는데 TV에서 벤 존슨이 100m 달리기에서 1등하는 장면(나중에 금지 약물복용으로 1등을 반납함)을 보았던 기억이 생생하군요.

군 생활 36개월에 대대장님으로 육촌형님을 만나면서 정훈병 보직을 받았습니다. 그리고 문선대(그룹사운드)에서 드러머를 했습니다. 그때 그 시절 최고의 가수였던 박남정 씨를 초대하여 함께 공연한 것 등등이 기억에 남습니다. 기억나는 저의 군대 생활 동료들로는 그룹사운드 멤버 중 리드기타 박태환, 싱어 송종대 등이 있었습니다. 아, 28년 전 희미한 기억이라 다른 멤버는 기억이 나질 않는군요.

문선대 그룹사운드 기념사진

대학 시절과 첫 직장

군대 36개월을 안전하게 마치고 전역 후, 목포의료원 산부인과 원장으로 계셨던 사촌형님을 바로 찾아뵙고 앞으로의 진로에 대해 상담을 받았는데, 방사선사를 적극 추천해주셨습니다. 바로 시험 준비를 하여 목포과학대학 방사선학과에 합격했습니다.

그 시절 가정형편이 어려워 직장생활과 대학생 신분을 함께 유지하며 3년간의 대학생활을 하면서 학비와 생활비, 부모님 용돈까지 챙겨드렸지만 부모님께 감사했습니다. 만약에 넉넉한 가정환경에서 자란 윤영일이었다면 아주 나태하게 현실에 만족하며 살았을 것이란 생각이 들더군요, 제가 더욱 강인하게 생활할 수 있도록 처음부터 터전을 마련해주신 부모님을 한 번도 원망해 본 적 없이 저는 감사히 받아들이면서 최선을 다해 노력했습니다.

또한 방사선학과 학과장님 이하 교수님들께서 많은 배려를 해

주시어 대학을 졸업하는 데 많은 보탬을 해주셨습니다.

대학 생활 중에 2학년 때는 총학생회장 선거에 러닝메이트인 부회장 후보가 되어 선거를 치렀었던 경험도 있네요. 또한 악어라는 별명을 가진 이수남이란 친한 친구의 초대로 왕복 비행기 티켓만을 가진 채 방학 한 달 동안 오스트레일리아로 여행을 떠난 일도 생각납니다. 잠깐 그 시절 있었던 짧은 여행담을 소개하겠습니다.

친구 말만 철석같이 믿고 1992년 여름방학을 이용하여 오스트레일리아로 출발을 했습니다, 첫 해외여행지가 호주가 된 셈이죠. 10시간 비행 후 호주 시드니공항에 도착, 공항 통과절차를 밟는데 나름 연습한 보람으로 무사히 통과해 나왔습니다. 그런데 시드니 국제공항 출국장에 나와 있기로 한 악어 수남이가 보이질 않는 겁니다. 출발시간, 도착시간 모두 미리 서로가 출발 전에 확인을 했는데!

아~ 갑자기 눈앞이 캄캄해졌습니다. 모두 키 큰 외국사람 일색인데다 태어나 처음 나온 해외여행, 그것도 오스트레일리아!

약 10분 정도가 하루같이 긴 시간이 될 수 있다는 것을 그때 시드니 국제공항에서 처음 느낀 것이었습니다. 전화하는 방법도 모르지, 영어도 유창하게 안 되지, 친구는 보이질 않지. 이럴 때 쓰는 말이 사면초가라 하겠지요. 한참을 찾다가 조급한 마음에 두리번거리다 한국 사람을 찾아 도움을 요청해 보려 이리저리 헤맸습니다. 그때 저 앞 약 50m쯤 떨어진 큰 기둥 뒤에서 "상렬아~!"하고 부르는 소리가 들렸습니다!

아! 고개를 돌려보니 이수남이 거기에 있었습니다. 전 "으아~! 호로야~!"(우리는 서로를 부를 때 호로(이수남)상렬(윤영일)이로 불렀습니다)하고 외쳤습니다. 호로상렬이, 이 말은 아마 호남 쪽 사람들은 대부분 알 것으로 짐작합니다. 타지분들도 아실까요?

서로 시드니국제공항에서 부둥켜안고 기쁨과 안도감, 그리고 친구를 이 머나먼 호주에서 극적으로 만났다는 마음에 공항 바닥을 몇 바퀴를 굴렀는지 모를 정도였습니다.

정신을 차리고 공항터미널에서 홈스테이를 하는 집으로 가는 길에 눈에 띄는 것이 있었는데 전 그것 때문에 깜짝 놀랐습니다. 바로 꽉 찬 도로에 좌우 앞뒤로 지나가는 차량의 98% 이상이 'Made in japan'이었습니다!

크나큰 충격이었습니다. 지금도 우리나라 국민들은 세계 경제력 5위 안에 드는 경제대국 일본에 대해 대부분 아주 우습게 보는데, 입이 절로 벌어질 정도로 정말 무섭고 놀라웠고, 위기의식도 함께 들었던 호주 입성 첫날 도로에서의 사건이었습니다.

악어 이수남은 호주에 어학연수 때문에 왔는데 호주에서의 생활이 거의 살인적일 정도였습니다. 호주는 복지가 좋아 60세 이상이면 주택을 무상으로 공급해주는데 그는 새벽에 일어나 아르바이트로 그런 아파트의 계단 청소를 하고 난 뒤 오전에는 어학연수 수업을 듣고 저녁에는 양털 깎는 일과 레스토랑 웨이터로 일을 하고 한국 사업가 형이 사는 홈스테이 숙소로 귀가하면 늦은 밤이 되는 것이었습니다. 이렇게 열심히 일하는 이 친구는 모든 체류 비용을 아르바이트로 해결하는 강인한 친구였습니다.

그럼 친구가 새벽에 나가 밤에 들어올 동안 저는 무엇을 했을까요? 아침에 일어나면 2층 집인 홈스테이 숙소에는 저 홀로 남아 있었습니다. 1층은 한국인 사업가 형 부부, 2층엔 친구와 제가 한 달간 함께 사는 구조였는데 아침에 일어나면 모두 일찍 출근하고 혼자 남게 되는 것이었습니다.

영어실력도 유창하지 않아 거의 반벙어리로 호주까지 친구 하나 믿고 왔는데 친구는 자기가 돈을 벌어 어학연수를 받아야 하기에 덩그러니 집만 보는 신세가 된 것이었죠. 오전에 방에서 빈둥빈둥 있으려니 답답하면서 '윤영일, 이러려고 온 것이 아닌데?!' 란 생각이 들어 일단 집 밖으로 나섰습니다.

집 앞 놀이터에 다행히 우리 나이로 5~6살 정도의 아이들 서너 명이 놀고 있었고 그 아이들과 대화를 시작했습니다. 제가 한 말을 그 아이들이 거의 알아듣지 못하고 저도 그 아이들이 한 말을 알아듣진 못했지만 말을 하며 서로 웃고 즐거워하니 자신감이 생기는 것이었습니다. 아이들과 많은 시간을 놀며 말을 하다가 알아듣지 못하면 보디랭귀지를 하면서 점점 자신감을 얻어가게 되었습니다. 그날 어린 아이들과 함께한 시간은 저에겐 큰 용기를 준 시간이었습니다.

그 다음 날부터 용기를 내어 지하철을 타고 가서 그렇게 가보고 싶었던 시드니 오페라 하우스를 직접 찾아갔습니다. 2007년 유네스코 세계유산에 등재된 오페라 하우스는 조가비 모양의 지붕이 바다와 묘한 조화를 이루며 시드니를 상징하는 건축물로 유명하죠. 국제공모전에서 1등으로 당선된 덴마크의 건축가 요른 웃손이 설계한 것으로 1973년 완공되었습니다.

오페라 하우스를 완성하기까지 총 16년이 걸렸고 예정된 기간보다 6년이나 늦었다고 합니다. 비용 또한 처음 예상보다 10배를 초과했다고 합니다. 호주 국민들도 이 공사를 하면서 고민을 했다더군요. 그러나 이 건물이 세워진 이후로 건물 하나로 인해 시드니가 세계적 명소가 된 것입니다. 그리고 친구와 함께 간, 1년 중 300일 이상 비가 오지 않는 골드코스트나 그 중심에 이름 그대로 서퍼와 바다를 사랑하는 사람들이 찾는 낙원인 서퍼스 파라다

이스 등이 유명 관광지입니다. 저는 놀라움에 가득 찬 표정으로
서핑 하는 것을 태어나 처음 본 기억이 납니다. 해양스포츠와 150
개 이상의 다양한 레스토랑이 즐비한 곳이었고 그 외에 블루마운
틴, 에어즈록, 카라지니 국립공원 등 친구와 함께 여행했었던 곳
들이 좋은 추억으로 남아 잊히지 않습니다.

　방사선학과 3학년 졸업을 앞두고 저는 방사선사 국가고시에 합
격해 졸업 후 바로 서울대학병원 방사선과에 수습과정을 거치고
입사하는 수순으로 근무를 시작하게 되었습니다. 가족은 이 소식
을 듣고 아주 좋아하셨습니다. 그 시절에 시골에서 서울대학병원
에 근무하게 되었다는 소식에 부모님이 얼마나 좋아하셨는지, 온
마을에 소문을 내신다는 것을 누나들이 말렸다는 후문이 들릴 정

도였습니다.

　종로구 혜화동에 있는 서울대학병원에 근무를 시작했는데, 병원이 너무 커서 처음엔 길을 여러 번 잃어버릴 정도였습니다. 그래도 나름 포부와 뿌듯함이 있었습니다. 하얀 가운을 입고 병원에서 근무를 하는데 멋있어 보이고, 자부심도 생겼습니다.

　한 달 근무하면서 여러 가지 경험들을 쌓아 가는데 방사선사는 우리나라 의료법에 환자를 오직 의사만이 진단과 치료를 할 수 있는 상황이며, 방사선사는 의사의 지시로 환자의 아픈 부위를 촬영(MRI, CT, X-RAY 등)하는 극히 한정적인 일이어서 저는 약간 고민을 하게 됩니다.

　그 생각을 한 지 두어 달 지나 연세대학교 세브란스병원에서 근

서울아산중앙병원에서 같이 수습기간을 거친 동생들과 함께한 사진

무 중이셨던 선배님께서 전화가 와서 '쉬는 날 병원에서 얼굴 좀 보자' 하셨습니다. 마침 다음날 쉬는 날이어서 바로 선배님을 만나 뵙고 함께 점심식사를 하며 모교 졸업생들의 학교행사 관련 논의를 하고 헤어지는 길이었습니다. 병원 복도를 따라 나오는데 벽 안내판에 '메디슨 직원모집'이 보인 것이었습니다.

그걸 보고 제 가슴이 뛰는 것을 느꼈습니다. 메디슨의 스토리를 알고 있었기에 바로 이력서를 준비하고 면접날을 기다리게 되었습니다.

도자 공예작품「수줍은 국화」

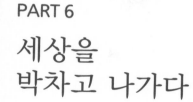

PART 6

세상을
박차고 나가다

Beer test

메디슨과 메리디안

목숨을 세 번이나 건졌던 나의 이야기

할 수 있다고 믿는 사람은 그렇게 되고,
할 수 없다고 믿는 사람 역시 그렇게 된다.
-샤를 드골

Beer test

1995년 여름 중구 충무로

메디슨은 서울대 전자공학과를 졸업한 이민화 회장 본인을 포함해서 7명이 85년도에 설립한 회사입니다. 그 시대만 해도 진단장비가 100% 수입이었습니다. 국내 최초로 초음파 진단장비를 만들겠다는 일념 하나로 실패, 실패, 실패를 거듭하다 결국 국산 초음파 진단장비 1호를 탄생시킨 스토리를 익히 알고 있었습니다.

저는 바로 달려가 입사서류를 준비하고 정성껏 작성하여 제출했습니다. 그런데 메디슨이 아니라 메디슨 사내 벤처 2호인 (주)메리디안에서 직원을 모집하는 것이었습니다.

(주)메리디안에서 회사소개 및 인재채용 설명회를 듣고 나서야 같은 회사이면서 "동서양의료기기 선두주자가 되자."는 포부로 출발한 명현성 대표이사의 넥타이에 믿음이 왔습니다. 대표이사

의 넥타이가 찌들어 있었거든요. 연구소에서 밤샘을 며칠 동안 해서 그런 듯 했습니다. 때문에 마음의 변함없이 입사시험에 응시 했습니다. 1차 서류면접 통과 후 2차 대표이사 외 임원진 인터뷰 면접으로 진행되는 방식이었습니다.

입사서류를 작성할 때 저는 가장 친한 친구 중 한 명인 수남이가 호주로 불러주어 선진문화를 누릴 수 있었던 경험담을 기록했습니다. 이 부분에 대해 많은 질문을 받으면서 자신 있게 대답을 했는데 거기서 좋은 인상을 얻어 통과할 수 있었습니다.

마지막 관문이자 문제의 3차 Beer test!

12명의 최종면접자와 회사 수위 아저씨부터 대표이사님까지 전 임직원이 나와서 Beer test를 하는 최종면접! 전체 임직원 중 단 한 명이라도 "아닙니다."라고 말하면 불합격을 받는 테스트였습니다.

"있는 그대로를 보여주자!" 생각하고 임직원과 저를 포함한 최종합격자들과 함께 있는 그대로 마시면서 대화하는 시간이 이어졌습니다. 1차 묵정공원 옆 식당, 2차 충무로에 있는 beer hof, 3차는 잠실에 있는 롯데호텔 지하 2층 흑맥주집까지 즐겁게 마시며 있는 그대로의 모습을 보이며 술과 함께 면접(?)을 치렀습니다.

그때 갑자기 당시는 몰랐지만 이수랑 연구소 소장 겸 이사님께서 질문을 하나 하셨습니다. "윤영일 씨! 면접시험 볼 때 호주를 한 달간 다녀왔다고 그러던데 혹시 '백호주의'가 무슨 말인지 아시는지요?"

아~ 수남이가 호주에 도착한 바로 다음 날 말해주던 그 말이 생각났습니다.

"네. 백호주의는 오스트레일리아 대륙이 개별 식민지로 나뉘어 있던 1840년대에 오스트레일리아는 경제 공황으로 위기에 봉착했습니다. 그러나 1850년대에 들어서면서 금광이 발견되자 오스트레일리아에서는 이른바 골드러시가 벌어졌고 이로 인해 오스트레일리아에 많은 이민자가 몰려들어왔습니다. 그중에는 중국계 이민이 많았으며 1881년에는 5만 명에 달하였습니다. 이러한 저임금노동은 백인 노동자의 임금을 저하시키는 결과를 가져왔습니다. 이 때문에 전 오스트레일리아 회의에서 1888년에 중국계의 오스트레일리아 이민을 제한하는 결의안을 통과시켰고 이러한 제한 조치가 더욱 강화되면서 1896년에 열린 회의에서는 오스트레일리아에서 모든 유색 인종을 배척하는 내용의 결의안이 통과되기에 이른 것 입니다. 그것이 바로 백호주의입니다. 그런데 제가 체류했던 때는 그 시대(1888년도)와는 100년의 세월이 지나서인지 거의 아시아인에 대한 편견들은 겪지도 느끼지도 않은 즐거운 시간을 보내고 돌아온 기억으로 남아있습니다."라고 말씀드렸습니다. 이수랑 연구소 소장 겸 이사님께서 상당히 시원시원한

답변이 맘에 든다고 하시며 건배를 권하셨습니다. 아주 기분이 좋은 Beer test 일화 중 하나였습니다.

시간은 흘러 새벽 2시가 넘어 Beer test가 끝이 났습니다. 인사드리고 택시를 타기 위해 가는 중 주머니를 확인했는데, 지갑이 없는 것이 아니겠습니까?! 순간 당황스러웠고 잠깐 머뭇거렸으나 적당히 취기도 있겠다, 젊음 하나 믿고 대표이사님께 당당히 가서 "대표이사님! 제가 집에 갈 택시비가 없어 그런데 택시비 좀 빌려주시기 바랍니다!"라고 말했습니다.

명현성 대표이사님께서는 웃으시면서 "멋진데!" 하시곤 회사 법인카드를 선뜻 건네 주셨습니다. 저는 재빨리 법인카드를 두 손으로 공손히 감사하게 받아 택시를 타고 집으로 출발했습니다. 다음 날 새벽 6시 형수님께서 "도련님, 어제 면접 본 회사에서 전화가 왔어요."라고 하시면서 저를 깨우셨습니다. 깜짝 놀라 일어나 전화를 받았습니다.

"윤영일 씨죠?"

다급한 목소리가 전해져 왔습니다.

"총무과장 박희요입니다. 윤영일 씨! 합격했으니 지금 빨리 회사로 법인카드 꼭 가지고 출근하시기 바랍니다. 꼭 법인카드 가지고 오세요."라고 하는 것이었습니다!

이렇게 저는 최종 3차 Beer test를 합격했습니다. 지금은 2010년 삼성전자에서 인수해 삼성메디슨으로 바뀌었지만, 그 당시 메디슨과 이민화 회장을 제외하고는 국내 의료산업계에서 이야기가 통하지 않던 시절이 있었습니다. 의료산업의 불모지나 마찬가지였던 한국에서 메디슨과 이민화 회장은 황금알을 낳는 거위 같은 존재였었기 때문입니다.

이민화 전 메디슨 회장

메디슨과 메리디안

메디슨의 신화 창조

(주)메디슨은 이민화 회장이 친구 6명과 함께 젊은 패기로 부딪혀 보자는 생각에 창업한 회사였습니다.

이민화 회장은 70년대 대한민국 3대 가전 기업 중 하나로 평가 받은 대한전선에서 경영을 배웠으며 또한 자신의 경험을 바탕으로 그때까지 100% 수입이었던 초음파진단의료기기 사업을 국산 화하려는 계획이 있었습니다. 그렇기 때문에 창업을 결심했지만 당시 GE, 지멘스, 필립스 등 강력한 글로벌 경쟁 기업들이 건재 해서 어떤 기업에서도 투자를 얻지 못했습니다.

결국 친구들과 도전을 각오하고 지하 단칸방에서 연구를 이어 갔습니다. 실패의 연속이 이어지며 힘든 시간을 보냈지만 오직 하나, 국산 초음파진단의료기기를 우리 손으로 개발해보자는 끈

메디슨 이민화 회장과 CI

기와 투지, 열정 등으로 무장해서 최초의 국산 초음파진단의료기기를 개발하게 됩니다.

이윽고 1985년 9월, 키메스(KIMES, Korea International Medical&Hospital Eqiment Show)라는 의료기기전시회가 개최된다는 소문을 입수해 전시회에 참가할 것을 결정했습니다. 이민화 회장을 비롯한 직원들은 여직원 1명이 조달한 김밥으로 끼니를 때우고 두 달여 밤샘 작업을 이어가며 전시 시작일 새벽에 간신히 출품작을 만들 수 있었습니다. 모두가 이틀간 곯아떨어져 집안에서는 난리가 났다는 전설 같은 이야기도 있었습니다.

그러나 첫 전시회에서 의사들이 초음파진단기와 비슷하다는 반응만을 보였을 뿐 시장의 벽이 높다는 것만 확인할 수 있었습니다. 전시회 결과를 두고 이민화 회장은 근본적인 고민을 하게 됩니다. 여기에서 포기할 것인가, 아니면 앞으로 나아갈 것인가? 메디슨은 결국 "못 먹어도 가자."는 결단을 내리고 생존전략 1-2-3(정면승부는 피하자, 경쟁자가 오면 우리는 숨는다 – 경험 있는 고객에게는 판매하지 않는다 – 모르는 고객을 가르쳐서 팔자)을 구상하게 됩니다. 이 전략을 두고 누군가는 "중국 마오쩌둥의 전략과 흡사하네요."라고 평가했다고 합니다.

그렇게 글로벌 기업과의 정면승부를 피한 메디슨은 주변시장부터 서서히 침투하는 전략을 선택했습니다. 1980년대 후반부 여수, 진도, 청도 등에서 영업을 시작해 당시로서 기발한 메디슨레이디 마케팅 기법(초음파 진단기를 잘 모르는 의사들에게 초음파진단기기를 능숙하게 사용 가능한 방사선사인 메디슨레이디를 파견, 기기 교육을 통해 매출을 창출하는 마케팅 전략)으로 대도시 진출 거점을 확보하는 데 성공하게 됩니다. 그후 본격적으로 글로벌 브랜드와 승부를 펼쳐 결국 1989년 국내시장에서 압도적인 점유율을 보이게 됩니다.

국내 시장을 장악하고 해외로 눈을 돌렸으나 당시 한국은 개발도상국 취급을 받아 해외 기업과의 거래 및 매출이 원활하지 않았습니다. 그래서 틈새시장인 중소형병원 시장을 공략해가면서

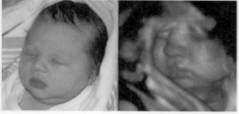

메디슨 초음파 진단장비(좌)와 초음파 촬영 사진(우)

Portable(이동용)초음파 의료기 분야의 세계 최고라는 명성을 쌓을 수 있었습니다.

1995년까지 메디슨은 70개 나라에 한국 의료산업 전문상사로서 진출하여 수출의 견인차 역할을 했습니다. 다만 중저가 이하의 초음파 진단기를 가지고 마이너리그인 개업의 시장을 공략을 할 뿐 고가의 장비로 메이저리그인 병원급 시장을 독과점하고 있는 'GPS', 즉 GE, 필립스, 지멘스 3대 강자들과는 경쟁상대가 되지 못했습니다.

그들과의 경쟁을 위해 메디슨은 1995년 벤처기업 최초로 코스피에 주식을 상장하기에 이릅니다. 이를 통해 1996년 4월, 1,000만 유로를 투자해 유럽 회사 크레츠를 인수하게 됩니다. 메디슨의 연구소 용사들과 크레츠의 연구진은 서로 양보 없이 경쟁하여 세상이 놀랄 만한 실시간 3차원 초음파진단기를 개발했습니다.

그러나 메이저리그에서 기대한 수익은 몇 가지 난관을 만나 바로 실현되지 않았습니다. 실제 임상을 하는 대학병원들은 사용용도를 몰라 구매하지 않았고, 선진국 시장에서는 보험수가가 등재되어야 하는데, 보험등재는 임상 논문이 뒷받침되어야 했던 것입니다. 선도전략인 First Mover에서는 제품 개발과 더불어 임상 개발이 중요하다는 것을 깨닫게 된 셈입니다.

그 당시만 해도 한국 기업이 세계 최초로 제품을 개발해서 블루오션 시장을 개척한 사례가 없었습니다. 이민화 회장은 고민 끝에 세계 3차원 초음파진단학회를 결성했습니다. 한국이 주도하는 새로운 학회를 만들어 이끄는 역할을 하자 그동안 만나기 어려웠던 세계 최고의 초음파 관련 석학들이 지회장, 임원직을 노리고 제 발로 찾아왔습니다. 그들에게 임상응용 아이디어를 제공하며 신속히 논문을 발표하도록 하는 선순환구조를 만들어내자 1999년 비로소 3차원 초음파진단기기가 보험등재 될 수 있었습니다. 결국 세계에서 가장 어려운 시장이라는 일본에서도 최대 시장점유율을 기록하게 됩니다. 상장을 통한 자금 조달과 크레츠 인수라는 도박이 성공의 꽃을 피운 것입니다.

이러한 메디슨의 성공신화는 벤처 선구자 이민화 회장의 자서전 『끝나지 않는 도전』에 자세히 수록되어 있습니다.

결국 메디슨은 미국, 일본, 독일, 중국 등 선진국 및 전 세계 100여 개국에 장비를 수출하는 회사로 성장했고 이를 발판으로 적극적인 인수합병에 나서 '벤처연방제'를 표방하게 됩니다.

그런 가운데 메디슨의 23개 계열사 총 40개 회사 중 2번째 벤처기업으로 (주)메리디안이 탄생했습니다.

블루오션을 향한 메리디안의 도전

〈메디슨 제2호 사내 벤처기업 (주)메리디안〉

1994년 4월 19일이 바로 (주)메리디안이 공식적으로 출범한 날입니다. 메디슨의 동서의료사 업무로 시작해 경락을 통한 진단과 치료를 IT 기술과 결합한 야심찬 프로젝트를 갖고 센세이션을 일으키며 독보적인 입지를 구축했습니다. 한방의료의 세계화를 꿈꾸며 현대 서양의학의 제반성과와 동양의학의 기초인 기(氣)와 경락계(經絡系)를 진단과 치료에 응용함으로써 생체기능을 진단하고 치료하는 제품(MERIDIAN)을 탄생시켰습니다. 이를 계기로 국내는 물론 세계 의료기기시장으로 도약하기 위한 발판을 마련한 것입니다. 특히 MERIDIAN 제품은 1997년부터 경락기능검사가 의료보험화됨으로써 병의원에서 보다 많은 의료혜택을 국민들에게 제공할 수 있게 되었습니다.

당시 한의원치고 메리디안 제품 한두 가지 정도는 갖추지 않은 곳이 없었습니다. 메리디안은 디지털 방식의 기기에 컬러화한 인체모형을 제공해서 경쟁 제품에 비해 가격은 오히려 비싼 편이지만 한방 진료기 분야를 개척한 원천 기술과 10여 년간 축적된 노

▌Meridian(경락기능) 검사란?

우리의 인체는 기와 혈이 전신을 돌면서 인체의 각종 신진대사 활동을 하며 기능을 유지하고 있습니다. 이때 혈이 전신을 흐르는 통로가 혈관입니다. 이러한 것과 마찬가지로 인체에는 기가 흐르는 통로가 있습니다. 이러한 통로를 한의학에서는 경락이라고 표현합니다. 경락기능검사는 이러한 인체 기의 통로인 경락을 현대 전기공학적인 방법으로 측정하여 인체의 이상을 판별하고 나아가 이러한 이상을 전침요법을 통하여 교정함으로써 질병을 치료하는 전침요법을 말합니다.

하우를 인정받아 시장에서 일거에 약진을 거듭할 수 있었습니다. 그야말로 블루오션을 개척한 것이나 다름없었습니다.

2002년 싱가폴 Medical 전시회 때 모습

목숨을
세 번이나 건졌던
나의 이야기

저는 인생을 살며 딱 세 번 죽을 뻔한 고비를 넘긴 기억이 있습니다. 돌이켜보면 끔찍했던 사건들로 제 목숨이 위태로웠음에도 이렇게 목숨을 부지할 수 있었던 것은 정말 천운이었던 것 같습니다.

첫 번째 일입니다. 제가 국민학교 4학년 겨울방학 때였습니다. 저는 연 날리는 걸 좋아했습니다. 아버지께서는 손재주가 좋으셔서 연을 잘 만들어 주셨지요. 그날은 제가 연을 날리고 쉬고 있는데 마침 평소 제가 로망으로 삼았던 광선이 형의 방패연(참연, 그 당시 동네에서 참연이라고만 부름)과 옆 동네 형의 방패연이 붙은 연싸움이 벌어졌습니다.

광선이 형은 한 번도 연싸움에서 져본 적이 없는, 우리 동네 천

하무적 연싸움 지존이었습니다. 저는 그날도 좋은 볼거리이자 배울 수 있는 또 하나의 기회라고 생각했습니다.

연싸움에도 여러 전술이 있어 상대의 작전에 휘말리지 않기 위해 다가섰다 물러났다, 자세(얼레)를 감았다 풀어주고 많은 신경전을 펼쳐야 합니다. 명주실의 경우 바람을 받으면 칼보다 더 예리하기에 강한 바람을 잘 받는 것이 중요합니다.

그때가 오후 3시였는데, 팽팽하게 맞붙던 두 참연이 한참을 탐색전을 벌였습니다. 그러다가 광선이 형이 얼굴에 회심의 미소를 보이고 자세를 강하게 감았다 풀어주는 순간!

"아~! 뭐야!"

탄식이 쏟아졌습니다. 광선이 형의 참연이 끊어지고 싸움에서 진 것입니다. 저는 순간 머리가 멍해졌습니다. 광선이 형의 첫 패배를 본 것입니다. 그러나 저는 이내 뛰기 시작했습니다. 광선이 형의 참연을 갖고 싶었기 때문입니다.

유달산 신작로를 너울너울 날아가는 연을 따라갔습니다. 저녁이 넘어 어두워진 시각이었으나 참연을 갖고 싶은 마음에 쉬지 않고 뛰었습니다. 이리저리 찾다가 나뭇가지에 걸린 참연을 조심스럽게 내렸을 때 그 기분은 너무나도 좋았습니다.

그제야 돌아갈 길을 살피게 되었는데 날은 어둡고 바닥은 온통 빙판길에 위태로운 낭떠러지로 펼쳐져 있었습니다. 그래도 집에 가야 한다는 일념으로 길을 가던 순간 주르륵 빙판길에 미끄러지면서 낭떠러지 쪽으로 떨어진 것입니다.

그때 제 오른팔에 묵직한 뭔가에 잡히는 것이었습니다. 그건 바로 광선이 형의 손이었습니다. 광선이 형 또한 본인이 아끼던 연을 찾기 위해 이곳에 왔던 것이었습니다. 광선이 형이 없었다면 더 말할 필요도 없었겠지요. 그렇게 첫 번째 죽음의 고비를 넘겼습니다.

두 번째 일입니다. 저는 메리디안에 입사하고 6개월 만에 지점장으로 승진한 바 있습니다. 이유는 바로 호남 지역에서 있던 몇 가지 이유 때문에 제가 급히 호남지사장이 되어 파견근무를 나가게 되었기 때문입니다. 겁이 나긴 했지만, 저에게 주어진 엄청난 기회라 생각하고 내려왔습니다.

1998년 겨울 본사에서 함께 내려온 고인숙 씨와 순천, 벌교, 보성 영업 후 국도를 통해 광주로 올라가던 중 화순군 동면을 지나칠 때였습니다. 하필 내리막길에 전날 내린 눈이 빙판으로 변해 있는 것을 확인 못하고 그대로 차가 미끄러졌습니다. 본사에서 포상으로 받은 스타렉스의 바퀴가 미끄러지면서 낭떠러지로 향하는 것을 본 저는 그대로 '죽었구나' 생각하면서 정신을 잃었습니다.

그런데! 얼마나 시간이 지난 걸까요?! 눈이 떠지면서 손, 발을 만져보는데 아무 이상이 없고 아픈 곳이 없는 것이었습니다! 그런데 뒤에서 신음소리가 나 몸을 돌려보니, 옆 좌석에 앉아있던 고인숙 씨는 뒷좌석으로 튕겨나가 머리에서 피를 흘리고 있었습니다!

상처를 확인하고 119를 불러 병원에 갔는데 병원에서는 다행히 큰 부상이 아니며 불행 중 정말 기적 같은 일이 일어났다고 하는 것이었습니다.

스타렉스는 폐차처리 했지만 저는 낭떠러지에서 굴러 떨어졌음에도 상처 없이 정상복귀하며 두 번째 죽을 고비를 넘겼습니다.

마지막 세 번째 일입니다. 호남지사장으로 일하며 차곡차곡 자산을 쌓아 광주로 이사하고 아들이 두 돌이 다 되어 가는 등 나름 안정적이면서 행복한 하루하루를 보내고 있었습니다. 그런 나날이 이어지던 중 구정 연휴 전날이었습니다. 여직원과 함께 전남 목포한방병원에 의료장비 시연회를 진행하고 우수한 장비성능을 직접 병원장님께 보여드리자 원장님이 현장에서 바로 계약을 하자고 하셨습니다.

계약금으로 전체 금액의 10%인 165만 원을 현찰로 받아 나오면서 "원장님께서 직원들 구정선물을 하라고 계약을 맺어주셨구나."라고 생각하며 광주의 한 백화점으로 출발했습니다. 그런데 그날 환자를 많이 진단하느라 늦게까지 시연회를 해서 직원들의 휴가가 늦어질 것 같아 자가용이었던 티뷰론 터뷸런스 스포츠카로 160km 이상의 속력을 내며 달렸습니다.

그리고 속력을 낸 이후의 기억은 저에게 없습니다. 전해들은 말에 따르면 신호대기 중인 차량을 미처 발견 못하고 엑셀러레이터를 밟고 있던 중 아차 하는 사이 충돌을 막기 위해 핸들을 중앙선 쪽으로 틀어 마주 오는 차량 3대와 충돌한 것이랍니다. 함평 종합병원 응급실에 있다가 큰 병원인 전남대병원에서 응급수술 후 광주보훈병원으로 이송되었는데 한참 의식을 못 찾다가 3일 만에 겨우 깨어난 것입니다. 그때 하던 일을 뒤로 하고 달려와 슬픔을 함께 나눈 친구들 영천, 운기, 성식 외 많은 친구들에게 고마움을 전합니다.

나중에 알게 되었지만, 광주보훈병원에서는 처음에 저를 진단하고 나서 포기했었다고 합니다. 보호자에게 말을 하지 않았지만, 뇌출혈이 일어날 정도로 커다란 교통사고 상태에서 거의 깨어나지 못하는데 정말 운이 좋은 것이라고 담당 의사 선생님께서 말씀하셨답니다.

그 사고 이후 3개월을 병원에 누워 있는데 바깥에서는 엄청난 일들이 일어나고 있었습니다. 본사가 두 회사로 분리되었으며, 제가 다니던 호남메리디안도 두 개로 나뉠 수밖에 없는 상황에서 제 결정이 필요한 상황이었습니다. 아무 판단을 할 수 없는 식물인간같이 3개월을 보내고 있어서 아주 중대한 고비를, 저의 의지를 무시하고 본사에서 임의적으로 결정해버린 상황이 벌어진 겁니다.

그때 본사에는 제 상태를 긍정적으로 보지 않고 있어서 호남메리디안의 능력 있는 직원들을 빼내갔는데 저로선 회복이 가장 중요해서 모든 것을 받아들이기로 했습니다. 그러나 마음은 급해 회복이 완벽하게 되지 않은 초등학생 수준의 지능 상태에서 한동안 영업을 직접 하러 다녔습니다. 그때 도와주셨던 최관준 원장님, 이윤영 원장님 등 여러 원장님들께 진심으로 감사하다는 말을 전하고 싶습니다.

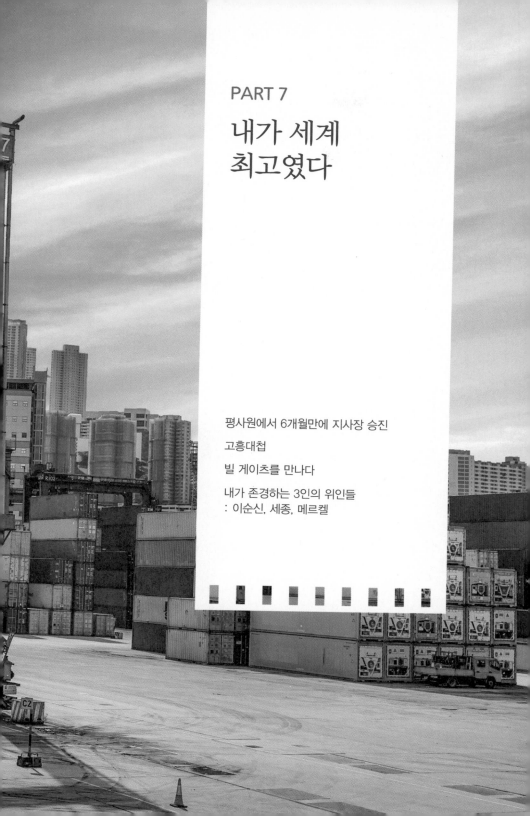

PART 7

내가 세계
최고였다

평사원에서 6개월만에 지사장 승진

고흥대첩

빌 게이츠를 만나다

내가 존경하는 3인의 위인들
: 이순신, 세종, 메르켈

모든 사람은 경탄할 만한 잠재력을 가지고 있다.
자신의 힘과 젊음을 믿어라 '모든 것이 내가 하기 나름이다'라고
끊임 없이 자신에게 말하는 법을 배우라
—알드레 지드

평사원에서
6개월 만에
지사장 승진

1995년 메디슨 내 사내벤처 2호인 메리디안에 입사 합격하여 처음 맡은 임무가 한방전문 의료기기인 메리디안(경락) 임상교육이 었습니다. 임상교육직원은 한의원에 영업사원이 찾아가 계약하면서 납품한 메리디안을 직접 원장님께 교육시켜드리는 일을 했지요. 임상직원 8명 중 유일하게 남자 직원이 저 혼자였습니다.

남자보다 세심한 면이 있고 원장님을 교육시켜드리는 데 여성이 훨씬 부드럽고 호감적인 것은 누구나 다 아는 일이지만 저를 뽑은 이유는 해외 취업 등 다양한 경험이 있고 서울대병원에서 근무한 이력, 그리고 열정을 가지고 있는 것, 마지막으로 지방출장에 아무런 걸림돌이 없다는 점 등이 합격 요인이었다는 후일담을 들었습니다.

그렇게 3달간 한방교육, 인체해부학, 기기학, 한방의료진단장비 오퍼레이팅과 실전 환자 진단 연습 등을 했습니다. 실전 연습을 하면서 환자를 진단하는데 문득 한 가지 좋은 아이디어가 생각났습니다.

　회사 바로 앞에는 지금도 자리해 있는 중구 충무로의 묵정공원
이란 곳이 있습니다. 묵정공원에는 어르신들과 아이들 그리고 연
인들이 많이 와서 휴식을 취하곤 했습니다. 그 모습에 임상직원
들이 직접 내려가서 "어르신 저희가 무료로 건강검진 해드릴게
요. 그리고 음료와 다과도 준비해드리겠습니다."라고 말씀드렸
습니다. 대부분의 사람들이 '얼씨구나' 하시면서 무료 종합검진을
받으시러 오셨습니다. 우리들은 많은 실전연습을 하는 좋은 기회
가 되었고 실력 또한 급성장하게 되었습니다.이렇게 '대한민국 한
의학을 과학화로'를 취지로 하는 우리들은 한방의료기기 메리디
안을 보물1호로 생각하면서 하루하루 최선을 다하며 전국을 누볐
습니다. 저 멀리 전남 고흥에서 강원도 강릉 그리고 울산, 제주도
까지 메리디안을 구입하신 전국의 한의원에 직접 교육하러 출장을
다녔습니다.

　그렇게 즐겁게 업무에 임하고 있는데 어느 날 직장상사로서 존
경하고 배우고 싶은 점이 아주 많은 영업부장님께서 아침 출근
후 임상직원 미팅이 끝나고 나서 "윤영일 씨! 오늘 저녁을 사고
싶은데 시간 가능할까요?"라고 하시는 것이 아닙니까.

　저는 좋아하는 영업부장님께서 식사를 초대해 주시는 것에 감
사해하며 "네, 부장님, 함께 하겠습니다."라고 하고 그날 저녁 약
속장소에 부장님을 만나러 갔습니다. 먼저 와 계신 부장님께 인

사드리고 식사 초대에 대해 여쭸더니 일단 식사를 맛있게 하고 차분하게 얘기를 나누자 하시어 저녁을 먹고 한방 찻집으로 자리를 옮겨 이야기를 나눴습니다.

부장님께서는 "남자가 세상을 살아가면서 많은 것들을 경험하고, 배우고, 목표를 이루는 데는 여러 가지 방법들이 많이 있지만, 지금 윤영일 씨가 하고 있는 임상직원은 그다지 도움이 되질 않는것 같아서 그러는데, 영업을 해보는 것이 어떤가?" 하시면서 "영업은 인생을 살아가는 데 아주 많은 지혜와 인간관계, 그리고 돈 버는데 가장 큰 방법인 좋은 인맥 쌓는 것, 또한 재테크, 열정, 꿈 이외의 것들을 자기 것으로 가져갈 수 있는 너무너무 좋은 삶의 동반자"라고 말씀하시며 꼭 영업 쪽으로 방향을 틀어보라는 조언을 주셨습니다.

저는 "부장님, 말씀 정말 잘 들었습니다, 일단 저에게 일주일만 시간을 주십시오, 잘 생각해보고 결정되는 대로 말씀드리겠습니다."하고 전한 뒤 헤어졌습니다.

집으로 오는 길에 부장님께서 말씀하신 "영업은 인생을 사는 데 꿈을 이루고 돈을 버는 가장 좋은 방법이다."라는 말이 계속 맴돌았습니다. 그렇게 저는 평소에 배울 점이 많고 좋아했던 영업 부장님께서 조언을 해주신 점을 받아들여 영업맨으로 일을 시작하게 되었습니다.

다음 날부터 저는 태어나 처음으로 영업을 시작하게 되었습니다. 아무것도 모르니까 저에겐 서울에서 가장 연령대가 높은 용산구를 영업 섹터로 주셨습니다. 배우는 과정이기에 경험을 해보라는 취지였고, 계약률이 높지 않은 고령의 한의사분포도가 가장 높은 용산구를 지정해주신 것이었지요.

그런데 영업사원으로 출근한 첫날부터 계약을 따낸 것이었습니다. 용산경희한의원에 16,500,000원 하는 메리디안(경락진단기) 의료장비를! 기존에 기라성 같은 영업선배님들도 어려워하던 고가의 의료장비를 영업하는 첫날 신입사원이 계약을 해 버린 것입니다.

그리고 그 다음 날도 계약, 그 다음 날도 계약, 그 다음 날은 33,000,000원 하는 메리디안-2를 계약해내고 말았습니다.

그때 사무실이 난리가 났습니다. 한 달 매출액이 1억이 넘어가 버리는 믿기지 않는 일이 벌어진 겁니다. 저도 그때를 생각하면 지금도 가슴이 벅차오릅니다. 영업에 임했을 때 여러 요인들 중이 의료장비가 한의원에 필요하고 환자의 진단과 치료, 한의원의 경영에 꼭 필요하다는 말에 담긴 진실함 등이 원장님들께 통했었다 생각합니다.

그 이후 영업은 저의 어깨에 날개를 달아준 형국으로 변해 분기 전 사원 통틀어 최고매출액을 달성하는 믿기지 않은 일이 벌어졌습니다.

그런데 그해 1997년 청문회 때 고 김영삼 대통령 아들 김현철과 G남성크리닉 박경식 비뇨기과 원장문제에 한보사건과 국정개입 의혹의 실체를 밝히기 위해 박경식 G남성클리닉원장이 증인신문을 한 청문회 때 메디슨도 함께 언급(시중은행에서 400억대 파격지원 특혜 등등)되는 바람에 그때 호남대리점 사장도 관련되었으며 호남 전 메디슨 패밀리(대리점)가 계약 해지되어 버렸습니다.

그로 인해 기 고객이었던 병원, 의원, 한의원 등에서 불만이 최고조로 올라올 수밖에 없었습니다. 의료장비가 A/S가 나는 건 당연한 건데 본사(서울)에서 그 먼 호남지방을 B/S도 아닌 몇 발짝 늦은, 그것도 몇 초가 중요한 의료 서비스를 하는 병원, 한의원의 A/S를 담당하고 있었으니 말입니다.

병원 의사 고객님들 목소리 중에서는 "애국심에 국산 장비를 구입해 줬더니 이럴 줄 알았다.", "국산이 뭐 어디 가겠어?", "다시는 국산 구입하지 않겠다." 등이 있었습니다.

메디슨 이민화 회장을 시작으로 비상이 걸렸습니다. 문제의 심각성을 인지하여 조기에 수습하기 위한 방편으로 각 파트별로 지사를 급파 지시가 떨어진 것입니다.

이때 메리디안 호남지사장으로 제가 뽑혔습니다. 입사 1년도 안 된 평사원 윤영일이 말입니다. 고향이 전남 목포에다가 영업하는 포스를 보니 남달라 보였었나 봅니다. 저는 운이 좋았었다고 생각합니다.

그렇게 호남지사장으로 여직원(제주가 고향인 고인숙—지금은 3남의 열혈 축구 광팬 엄마) 한 명과 함께 내려 보내졌습니다. 그리고 그 해 1997년 5월 4일, 사랑하는 아내 김애경과 결혼식을 올리고 광주광역시와

고흥대첩

호남지사장 시절 해외전시회 중

　　호남지사장으로 발령을 받아 내려왔는데 앞이 캄캄했습니다. 단지 전남 목포에서 태어났다는 이유와 잠깐 동안 발휘된 영업사원으로서의 탁월한 영업 성적만을 가지고 평사원에서 영업사원으로 된 지 6개월 만에 호남지사장으로 발령을 받아서 부랴부랴 내려왔기 때문입니다. 또한 이는 메디슨 이민화 회장님이 호남 지역 시장에서 최고조로 발생 중인 불만을 잠재우기 위한 방편이 었기 때문에 정말 암담했습니다.

그래서 의료기기를 구입해서 사용하고 계신 기존 고객의 리스트를 제일 먼저 보고 "기고객들에게 답이 있겠구나." 생각한 후 광주광역시에서 멀리 계신 고객을 먼저 찾아뵙기로 마음을 먹었습니다.

전북, 전남, 광주광역시 순서로 기존 고객을 찾아뵈면서 인사를 드렸습니다. 약간은 죄송한 마음에 방문을 했는데 대부분의 한의원 원장님들께서는 한의학을 전공하신 분들이셔서 그런지 모두 정(情)이 많고, 인간적인 모습으로 저를 친동생같이 생각해주셔서 깜짝 놀랐었습니다.

지사장으로 발령받아 내려온 후 두 달여를 계속 기고객 한의원 만을 다니면서 그동안 공백이 생겨 관리해드리지 못한 점과 빠르게 대처하지 못한 A/S를 처리하면서 복합적으로 사죄를 했습니다. 그리고 "앞으로는 저 호남지사장 윤영일이 직접 고객님의 부름에 달려오겠습니다."라고 약속을 하고 저 스스로도 다짐을 했습니다.

이렇게 기고객 원장님들께 진실한 모습, 그리고 지사장으로 발령받은 이야기 등을 전해드렸더니, 자기 일처럼 좋아하시며 축하해 주셨습니다. 덕분에 조금씩 용기가 나면서 처음에 걱정했던

고흥대첩의 영광을 함께 했던 직원과 함께

부분이 조금씩 자신감으로 바뀌었습니다.

그렇게 지사를 외적으로 안정권에 오르게 하는 기초를 마련하면서 고객 원장님들이 갖고 있던 안 좋던 인식을 바꿔 가고 있었는데 그때 번쩍 뇌리를 스치는 것이 '그래도 영업은 실적이다.'라는 생각이었습니다. 분기를 넘어서고 있는데 이렇다 할 매출이 일어나지 않았던 것이지요.

나름 지사장으로 내려와서 청문회 사건으로 발생한 고객들의 불만을 잠재우며 정상 궤도로 돌려놓는 것은 성공을 했으나 이것이 저를 지사장으로 보낸 목적이 아니란 것을 알고 있었습니다. 그래서 이제는 매출에도 신경을 써야 한다는 것을 생각하게 되었습니다.

그러던 어느 월요일이었습니다. 직원들과 주간회의를 하고 있던 중 급한 전화가 한 통 들어왔습니다. 여직원이 전화를 받았는데 점점 심각한 표정을 지으면서 회의를 주관하던 저를 바라보고 "네, 네."만 연신 말하며 안타까워하는 것이었습니다. 느낌이 이상해서 전화를 돌려받은 저는 "여보세요, 저는 호남 메리디안 지사장 윤영일입니다, 고객님 어떤 일로 전화 주셨습니까?"라고 말씀드렸습니다. 전화를 주신 분은 바로 전남 고흥군 고흥한의원 최공한 원장님이었습니다. 원장님은 다급한 목소리로 메리디안 진단장비가 갑자기 작동을 하지 않아서 진단대기 중인 환자분들을 모두 진료하지 못하고 있는 상황이니 당장 출발해서 A/S를 해 달라는 것이었습니다.

보통 병원이나 한의원은 오전 9시 정도에 진료를 시작하기 때문에 저희들은 오전 8시부터 회의를 했었습니다. 그런데 군 단위로 내려가면 농사일을 하는 분들을 대상으로 새벽 6시부터 진료를 시작하는 곳이 대부분이었습니다.

일단 "알겠습니다, 원장님! 오전에 진단 받으실 환자분들 1시간 반만 물리치료하고 계시면 가겠습니다."라고 전달한 뒤, 직원들에게 지금 고흥으로 가니까 주간 회의를 마저 하라고 지시하고 나서 바로 A/S 가방만 들고 고흥으로 출발했습니다.

그때는 지금처럼 도로 사정이 좋을 때가 아니었습니다. 광주광역시 학동에서 출발해 화순, 보성, 벌교, 고흥으로 이어지는 국도를 규정 속도대로 자가용을 타고 가면 2시간 반 정도 걸리는 상황이었습니다. 하지만 그때만큼은 사태가 심각했기 때문에 과속 운행을 할 수밖에 없었습니다.

다행히 잘 아는 길인 데다가 이른 아침 도로가 한산하여 빠르게 한의원까지 도착을 했는데 정확히 1시간 28분이 걸렸습니다. 마음이 급해 젊은 혈기로 벌인 일로, 지금은 절대로 이런 나쁜 습관을 되풀이하지 않습니다.

　최공한 원장님께서는 상당히 초조한 얼굴로 기다리고 계셨고 매우 신경이 곤두서 있다는 것을 한눈에 봐도 알 수 있었습니다. 바로 메리디안 진단장비 테스트를 실시했는데 환자를 진단하는 탐침探針 probe와 연결된 케이블이 단선이 되어 있었던 것입니다. 빠르게 탐침 probe 전체를 교체 했더니 정상적으로 진단이 되었습니다. 그리고 그때까지 물리치료를 받으며 기다리던 환자들을 차례로 제가 직접 검사해드렸습니다. 옆에 있던 간호사가 진단받는 환자들에게 저를 소개하며 "메리디안 진단장비를 개발한 회사의 호남지사장님이십니다. 직접 진단해드리니 더욱 정확할 겁니다." 라고 했더니 환자분들이 더 좋아하시면서 믿음을 가지시는 것 같았습니다.

　다행스럽게도 오전 중에 대기 중인 환자들을 모두 진단할 수 있었고 점심 식사 시간이 되어 최공한 원장님께서 "윤 지사장님, 점심 식사하러 가시죠."하시며 같이 식사할 것을 청하시는 것이었습니다. 그래서 원장님이 미리 예약한 한정식집으로 이동해서 자리하자 원장님께서는 "직접 빨리 먼 길을 와줘서 정말 고맙고, 또 환자들을 직접 측정해주기까지 해서 진심으로 감사하다."라고 하시며 저의 손을 꽉 쥐어 잡아주시는 것이었습니다.

　고흥 특산물 꼬막, 미역, 유자골 순한한우로 차려진 식사를 맛있게 먹는데 최공한 원장님께서 "윤 지사장을 그동안 쭉 지켜봤는데, 동생 같기도 하고 최선을 다해서 업무해 주는 모습이나 오늘 같은 날도 고맙게 완벽히 처리해 줘서 너무 고마워요. 그래서 우리 전남 동부권한의원 모임에서 진단 장비를 단체 구매하려고 지난 달부터 알아보고 잇는데 내가 총무한테 메리디안을 추천했어요. 내가 회장을 맡고 있고 메리디안 호남지사 일을 이곳 고흥, 별교, 녹동 쪽 원장님들에게 다 말해서 큰 이변이 없으면 아마 이번 달에 계약이 이뤄질 거예요."라고 말씀하시는데, 갑자기 제 가슴이 먹먹해지면서 '아, 원장님들께서 인정해주시는구나.' 진심으로 감사한 마음이 먼저 들었습니다.

그날 이후 약 일주일이 지나 모임 총무이자 벌교군 원광한의원 원장님께서 전화를 주셔서 점심 식사를 같이 하자고 해서 찾아뵈었습니다. 식사 후 원장님께서는 지난번 최공한 원장님께서 말씀하신 모임에서 단체 구입을 희망하는데 여러 원장님들이 메리디안을 추천하셔서 오늘 계약조건들과 단체 할인 가격, 기프트 등을 정하는 가계약을 맺고 싶으시다는 것이었습니다.

고흥군에서 8곳, 벌교군에서 6곳, 녹동에서 2곳 총 15곳(고흥한의원은 기고객) 한의원에서 메리디안 진단장비와 물리치료 장비를 구입하는데 3억 원이 넘는 큰 계약이 되었습니다. 3억이면 그때 메리디안 본사 분기매출금액에 가까울 정도로 큰 단위였습니다.

단체계약을 맺은 그날 저희는 본사에 말없이 팩스로 계약서를 보냈는데 본사직원이 그러길 팩스로 계약서가 수십 장이 계속 들어오니, 처음엔 기계 오작동인 줄 알고 계약서를 폐기처분하려 했다는 후문이 있었다고 합니다. 계약서 30장 이상을 한 번에 팩스로 처리하는 과정에서 생긴 재밌는 에피소드였습니다.

전남동부권 한의원 단체계약 건으로 본사에서 메리디안 호남지사에 닉네임을 붙여줬습니다. 바로 '고흥대첩의 승리자!'로. 분기 최우수지사로 선정되기까지 하여 직원 가족들까지 해외여행 상품을 수상하는 쾌거를 이룬 아주 기분 좋은 결과를 가져왔습니다.

직원 가족과 함께한 사이판 해외여행 중

빌 게이츠를
만나다

　빌 게이츠는 세상 대부분의 사람이 알다시피 세계 최고의 갑부입니다. 1992년 36세의 나이에 63억 달러를 보유해 미국 경제지 '포브스'가 선정한 백만장자 서열 1위를 차지한 이래로 1994년에서 2009년까지 1위 자리를 쭉 유지한 인물입니다. 또한 2000년 '빌앤멜린다 게이츠 재단(Bill&Melinda Gates Foundation)'을 설립하면서 부인과 함께 자선활동을 펼치고 있습니다.

　이런 입지전적인 인물을 한 번이라도 만난다면 얼마나 뜻깊은 일일까요? 저에게는 그 꿈 같은 일이 한 번 현실이 된 적이 있습니다. 2001년 가을에 서울 남산의 그랜드하얏트 호텔에서 빌 게이츠와 만난 경험이 지금까지 살면서 저에게 가장 큰 추억 중 하나가 아닐까 합니다.

　그때도 그랬고 지금도 세계 최고 부자인 빌 게이츠를 보게 된

계기가 있습니다. 그것은 제 사랑하는 아내 덕분이었습니다. 지금도 아내에게 항상 고맙게 생각합니다.

메리디안 호남지사장으로 발령받아 내려올 때였습니다. 아내가 "사업을 하시는 분이 경제신문은 한 부 이상 봐야 할 것 같습니다."라고 하면서 경제신문 중 선호도가 높은 매일경제를 추천해주어 구독하게 되었는데 나름 경제에 대한 흐름과 앞으로의 변화, 세계경제 흐름 등을 알 수 있어 좋은 조언이었다고 생각하고 있었습니다.

그 후 5년 정도 지난 뒤에 매일경제 측에서 "장기구독 고객과 사업을 하는 구독자 중 일부를 마이크로소프트 사의 빌 게이츠와 만나는 자리에 함께 할 수 있도록 초대하겠습니다."라며 전화를 해온 것이었습니다.

전화가 왔을 때는 전 깜짝 놀라 처음엔 장난전화인 줄 알았습니다. 그런데 휴대폰의 전화번호 알림에는 매일경제신문사 라고 떠 있었고 저를 언급하며 장기구독고객에게 주는 행운이라며 축하한다는 인사를 거듭 전하기에 그제야 '아 정말이구나.' 하면서 가슴이 벅차올랐습니다. 빌 게이츠를 만나는 날을 손꼽아 기다리다가 당일이 되자 서울로 비행기를 타고 간 다음 만남 장소인 그랜드하얏트 호텔로 이동해 여러 초대받은 분들과 인사를 나누었습니다.

약속한 시간이 되어 그토록 기다리던 빌 게이츠가 강연장에 등장하자, 초대받아 참석한 모든 사람이 기립박수를 보내며 환호하였습니다. 물론 저도 "Welcome to korea, Bill Gates!"하면서 함께 연호했습니다. 빌 게이츠는 약 한 시간 동안 통역을 통해 자신이 태어나서 지금에 이르게 된 스토리와 목표, 그리고 기부 봉사활동 등을 전해주었습니다. 특별히 기부와 봉사활동에 대해 힘주어 말하는 모습이 인상적이었습니다. 지금까지 기부하면 빌 게이츠가 생각날 정도입니다. 그날 참석했던 이들에게 전해준 여러 가지 말 중 지금도 저의 인생좌우명으로 삼고 있는 아주 멋진 말을 전해드리겠습니다.

"Adventure may hurt you but, monotony will kill you!"(모험은 상처(실패)를 입힐 수도 있다. 그러나 평범한(변하지 않는) 삶은 죽음으로 이끌 것이다.)

또한 빌 게이츠의 인생 충고 10가지 명언이 독자 여러분들께서 성공의 이치를 깨닫는 계기가 되길 바라며 올리겠습니다.

〈빌게이츠가 전하는 인생충고〉

첫 번째. 인생이란 원래 공평치 않다. 현실에 불평하지 말고 받아들이고 적응해야 한다 또한 잘못한 것이 있다면 불평보단 교훈을 얻어라.

두 번째. 세상은 네가 어떻게 생각하든 신경 쓰지 않는다. 네가 스스로 만족하다고 느끼기 전에 무언가를 성취하여 보여주는 것이다.

세 번째. 고등학교를 졸업하고 바로 사회에 가면 연봉 4만 달러를 받기 어렵다. 대학 교육 없이는 상상하지도 마라.

네 번째. 학교 선생님이 까다롭다고 생각된다면 사회에 나와서 직장 상사의 진짜 까다로움을 느껴봐라.

다섯 번째. 작은 일을 한다고 수치스러워 하지 마라. 어른들은 그것을 기회라 생각하였다.

여섯 번째. 학교는 승자와 패자를 뚜렷이 구분 짓지 않지만 사회와 현실은 그렇지 않다는 것을 명심하여야 한다.

일곱 번째. 인생은 학기별로 나뉘어 있지 않다. 당연히 여름방학이라는 것도 없다. 스스로가 뭔가를 알아서 하지 않는다면 아무도 가르쳐 주지 않는다.

여덟 번째. 주변에 공부밖에 모르는 바보가 있다면 잘 보여야 한다. 나중에 사회에 나와서 그 바보 밑에서 일할 수 있을지도 모르니까.

아홉 번째. TV는 현실이 아니다. 현실에서 커피를 마셨다면 바로 가서 일을 시작해야 한다

열 번째. 사람은 자신이 목숨걸 만한 것을 찾아야 한다. 아니면 죽게 된다.

내가 존경하는
3인의 위인들:
이순신, 세종, 메르켈

누구나 한 번쯤 내 마음 속에 위대한 인물을 세워두고 존경하고 본받고 싶다는 소망을 합니다. 저 또한 그렇습니다. 그래서 빌 게이츠를 만날 때 약간은 본받고 싶은 사람을 만난다는 떨림이 있었던 것 같습니다. 그러나 무엇보다 제 마음속에는 3인의 위대한 인물이 자리 잡고 있습니다. 구국의 영웅 이순신 장군, 애민정신을 가진 위대한 왕 세종대왕, 유럽을 이끄는 리더 앙겔라 메르켈 총리입니다.

❶ 이순신 장군

외국의 명장들이 이순신 장군에 대해 평가했던 기록 몇 가지를 살펴보았습니다.

"내가 제일로 두려워하는 사람은 이순신이며 가장 미운 사람도 이순신이며 가장 좋아하는 사람도 이순신이며 가장 흠승하는 사람도 이순신이며 가장 죽이고 싶은 사람 역시 이순신이며 가장 차를 함께하고 싶은 이도 바로 이순신이다."-와카자키 야스하루(脇坂安治)-

"한민족은 항해술에 능했고 조선에는 이순신이라는 뛰어난 장군이 있었다. 이순신 장군은 탁월한 자질을 지닌 지도자였을 뿐만 아니라 기계 제작에도 뛰어난 재능을 지니고 있었다."-2차 세계 대전 연합군 사령관 버나드 로 몽고메리(Bernard Law Montgomery, 『A History of Warfare』)-

"영국인들에게 그 공적에 있어 넬슨과 필적할 만한 이가 있다는 것을 인정하기는 항상 힘들다. 하지만 만약 그런 영예에 어울리는 사람이 있다면 그것은 한 번도 패한 적이 없고 적군 속에서 싸우다 죽은 이 동방의 해군 사령관일 것이다."-영국 해전사 전문가, 해군 중장 밸래드(G. A. Ballad, 『Influence of Sea on the Political History of Japan』)-

저는 세계 각국의 장군 및 전쟁 전문가들이 이순신 장군을 평가한 것에 대해 전율과 감사함이 떠올랐고 우리 역사상 이렇게 멋지고 훌륭한 평가를 받은 분을 존경하지 않을 수 없다는 생각이

들었습니다. 이순신 장군이 있지 않았다면 우리는 모두 대한민국 국민으로 살지 못했을 것이라 장담합니다.

❷ 세종대왕

성군이자 대왕이라 불리는 조선의 제4대 왕 세종의 이름은 이도(李裪), 자는 원정(元正)이고, 시호는 장헌(莊憲), 정식시호는 세종장헌영문예무인성명효대왕(世宗莊惠英文睿武仁聖明孝大王)입니다. 당시에도 '해동요순'이라고 불릴 만큼 우리 역사상 가장 훌륭한 유교 정치와 찬란한 민족문화를 꽃피우고 후대에 모범이 될 만한 왕이었다고 합니다.

1418년 6월 3일 태종은 셋째 아들 충녕대군을 왕세자로 삼으며 "천성이 총명하고 민첩하고 자문 학문을 좋아하며, 치체(治體, 정치의 요체)를 알아서 매양 큰일에 헌의(獻議, 윗사람에게 의견을 아룀)하는 것이 진실로 합당하다."라고 이유를 밝힙니다.

세종은 태종이 만들어놓은 정치적인 안정 속에서 자신의 학문적 역량을 마음껏 펼쳐 조선 시대 왕 중 가장 뛰어난 업적을 남깁니다. 그러나 세종이 가진 애민정신이야말로 그의 위대함을 더욱 부각시키는 것이라 하겠습니다.

"어린(가여운) 백성"을 위해 훈민정음 창제를 시작했으며, 자주 은전을 베풀었고, 사면령을 빈번히 내렸으며, 징발된 군사들은 늘 기한 전에 돌려보냈습니다. 노비의 처우를 개선해주기도 했습니다. 주인이 혹형을 가하지 못하도록 했고, 실수로라도 노비를 죽인 주인을 처벌하기도 합니다. 이전에는 겨우 7일에 불과하던 관비의 출산휴가를 100일로 늘렸고, 남편에게도 휴가를 주었으며 출산 1개월 전에도 쉴 수 있도록 배려했습니다. 관대하고 은혜로운 왕이었다고 평가할 만합니다.

❸ 앙겔라 메르켈 독일 총리

"독일은 지금보다 더 부유한 적이 없었다." 2013년 9월 24일 독일 총선 다음 날, 중도 진보 성향의 〈쥐트도이체 차이퉁〉 신문 경제면 머리기사 제목입니다. 경제적으로 어려운 유로존 가운데서도 사상 최고의 호황을 누리고 있어서입니다. 선진국 중 유일하게 3% 안팎의 성장률, 4% 대의 낮은 실업률, 무역흑자 1위를 기록하고 있는 것이 이를 증명합니다.

독일의 공영방송들과 수많은 언론의 여론조사에서도 독일 국민 80%가 '현재 상황에 만족하고 있다'는 조사 결과를 발표하기도 했습니다. 한마디로 중산층과 서민의 지갑이 두툼해지며 살기 좋은 나라가 되었다는 의미였습니다.

이런 상황을 만들어낸 것은 바로 '무티(엄마) 리더십', '메르켈리즘'으로 독일을 이끈 앙겔라 메르켈 총리입니다. 무티 리더십과 메르켈리즘은 바로 앙겔라 메르켈 총리가 보여준 '권력을 과시하지 않고도 정책을 부드럽고 박력 넘치게 펼치는 힘의 정치'를 뜻합니다.

2000년 4월 10일 기독민주당(CUD)의 최초 여성 의장을 맡으며 정치무대에 선 그는 2005년 11월 22일 독일의 제8대 총리로 취임한 이래로 독일 최장수 총리로 기록되고 있습니다. 유럽 최강의 경제대국을 이끄는 메르켈 총리의 힘은 첫 번째, 용인술에서 비롯됩니다. 바른 말을 거침없이 할 수 있는 참모를 곁에 두고 무한 신뢰를 하는 것입니다. 두 번째, 진정성이 있다는 것입니다. 정치를 위한 '정치적 쇼'를 하지 않으며 국민들에게 실질적으로 필요한 제도를 과감하게 시행할 수 있는 정치가인 것입니다. 또한 독일의 과거사에 대해 끊임없이 반성하고 사죄하는 자세를 보여주어 인간의 존엄성과 인권문제를 국제사회에 분명하게 각인시킨 인물이기도 합니다.

PART 8

나의 목표
– 나는 이렇게
될 것이다

I'm a Saladent(나는 샐러던트다)

거제시 무료자원봉사

CEO 사관학교

'호모 플레이쿠스'와 해양스포츠 사업비전

명강사가 되어 긍정의 힘을 전파하고 싶다

살다 보면 흔히 저지르게 되는 두 가지 실수가 있다.
첫째는 아예 시작도 하지 않는 것이고,
둘째는 죽을 때까지 하지 않는 것이다.

I'm a Saladent
(나는 샐러던트다)

여러분은 하루 24시간을 어떻게 분배하고 있나요? 그리고 자기 개발은 하고 계신가요?

앞으로는 '명퇴'가 계속 화두로 오를 것이라고 생각합니다. 2015년 말 모 대기업의 직원 중 20대 중후반의 나이에 명예퇴직 대상자가 나타난 사례가 TV 뉴스에 나온 것을 기억하실 것입니다. 당신의 지금 연령은 어떻게 되시나요?

많은 직장인들께서 바쁜 업무를 하고, 불현듯이 찾아오는 야근을 하며, 회사 회식과 경조사들을 챙기기 위해 업무가 끝나고도 바쁜 생활이 이어져 자기계발을 하기가 힘드실 것이라 생각합니다.

그러나 더욱 급변하는 정보화 시대, 그리고 빨라지는 명퇴 연령으로 인해 갑작스런 명퇴가 찾아올 수 있습니다. 그 후 아르바이트로 남은 생을 살아가기에는 너무 안타깝기에 미리미리 직장인

(Salary man) 생활을 하며 학생(Student)으로서 새로운 분야를 공부해야 겠습니다. 미리 노후를 준비하는 저의 사례를 보여드리도록 하겠습니다.

삼성중공업 내 하성기업에서 족장맨으로 일하고 있던 어느 날, 아는 지인으로부터 연락을 받았습니다. 교육부의 인가를 받아 운영 중인 21개 사이버 대학 중 한 곳인 열린사이버대학교 'OCU(Open Cyber University)'를 100% 무료로 직장을 다니면서도 졸업할 수 있는 방법을 알려주겠다는 연락이었습니다.

너무나도 귀가 솔깃했습니다. 현재 국내 대학 등록금이 1학기에만 해도 500만 원 상당하는 것으로 알고 있는데 전액 무료로 공부도 하고 졸업도 할 수 있다니 말입니다. 그리고 편입으로 3학년과 4학년을 다니면 2천만 원 이상을 벌고 또한 학사 학위를 취득할 수 있는 기회가 아니겠습니까?

그것도 교육부에서 인가해 대학 졸업 자격을 부여한다고 하니 제 가슴이 마구 뛰는 것을 느꼈습니다. 평소에 편입을 하려고 항상 생각을 했었지만 현실적으로 어려움이 있어 실행에 옮기지 못한 것입니다. 이것이 사실이라면 그 고민을 한방에 해결할 수 있는 절호의 기회였습니다.

빨리 연락을 해야겠다는 생각에 바로 알게 된 연락처로 전화를 했습니다. 처음에는 통화 중이어서 바로 연결이 되지 않았고 나중에 전화를 다시 주신 분께서는 본인을 소개하기를 '서울 종로구 소재의 열린사이버대학교 김상만 팀장 겸 영어영문학과 재학생'

이라고 했습니다.

저는 다짜고짜 "정말 한 푼도 들지 않고 졸업을 할 수 있는지와 열린사이버대학이 교육부에서 인가한 대학이 맞습니까?"라고 질문했습니다.

그랬더니 김상만 팀장님은 하하하 웃으시면서 "몇 가지 확인을 한 후 기준안에 포함되면 100% 무료로 졸업하실 수 있으며 또한 교육부에서 정식으로 인가한 대학이 맞습니다. 정 믿기 어려우시면 인터넷에 들어가 확인해보십시오."라고 말하시고는 인터넷 사이트 주소를 하나 알려주셨습니다(www.cuinfo.net 열린사이버대학교 종합정보 시스템).

제가 이 주소를 접속해서 알아본 것들에 대해 정리를 해보았습니다. 열린사이버대학교는 1998년 2월부터 2년 6개월간의 시범 운영 기간을 통해 안정적인 강의실 시스템과 수준 높은 교육 콘텐츠를 확보해, 우리나라 최초의 사이버대학으로 정식 개교했습니다.

성균관대를 비롯하여 강릉대, 공주대, 동덕여대, 부경대, 부산외대, 성신여대, 순천향대, 용인대, 인제대, 인하대, 제주대, 중앙대, 충북대 등 국내 14개 대학교가 컨소시엄을 구성하여 학점 교류와 강좌 개설 등의 교류 활동을 활발히 진행하고 있습니다.

또한 열린사이버대학교는 전국 14개 대학 교수진이 참여해 만든 콘텐츠를 한 해 동안 4백여 개의 강좌를 통해 제공하고 있습니다. 20명의 전임 교수 중 90% 이상이 국내외 박사학위 소지자이며, 14개 대학의 교수들도 함께 강의를 한다고 합니다. 현재 전임

열린사이버대학교 학생증

교수가 150개, 14개 대학 교수가 250개 강의를 하고 있으며 재학생은 전국 14개 대학의 도서관을 자유롭게 이용할 수 있습니다. 학부는 실용어문학부, 사회과학부, 경영학부, 정보통신공학부, 콘텐츠·디자인학부, 보석감정딜러학부 등 6개 학부 내에 영어, 일본어, 중국어, 문예창작, 법학, 사회복지학, 부동산학, 경영학, 정보통신공학, 디지털컨텐츠, 컴퓨터디자인, 보석감정딜러 등의 12개 전공이 있습니다. 그리고 전공 강의는 실용성과 전문성을 추구하여 직장인들이 졸업 후 현업에서 바로 응용할 수 있도록 하고 있습니다.

콘텐츠의 질은 높은 반면, 등록금은 17개 사이버대학 중 가장 저렴합니다. 한 학기 18학점 기준으로 85만~100만 원 정도입니다. 정리하자면 처음 입학할 때 소득 분위가 3분위 이상이면 100% 무상 국가 장학금이 가능하고 또한 중간, 기말고사 시험에서 평균 3.5(C+)학점 이상만 유지하면 장학금(등록금)을 계속 받기 때문에 본인이 노력하면 100% 비용을 들이지 않고 4년제 대학교를 졸업할 수 있습니다(단 1회 학점 3.5 이하여도 가능).

수업은 인터넷 동영상으로 청취하면서 듣고, 읽고, 노트하면서 그날 수업에 충실하면 되지만 혹 개인적인 일로 빠질 수밖에 없다면 정해진 수업 기간이 표기되어 있기에 언제든지 수업을 그

기간 안에 들을 수 있습니다.

저는 업무를 끝마치고 식사 후 회사인 하성기업에서 제공해 주는 기숙사에서 인터넷(와이파이를 회사에서 설치해준 덕분에)을 이용하여 매일 수업을 듣습니다. 회사에 다시 한 번 감사함을 전합니다.

이제 저는 졸업을 한다면 저의 또 다른 목표인 대학원, 그리고 박사학위까지 받을 수 있는 발판을 만들게 되었습니다. 여러분께서도 이렇게 비용을 들이지 않고 학사, 더 나아가서는 그것을 발판 삼아 석사, 박사 과정에 도전해 보시지 않으시렵니까? 저와 함께 같이 가시죠.

사랑의 미학 - 「행복한 공존」

거제시
무료자원봉사

　저는 현재 거제시 산하의 무료자원봉사센터에 한 달에 2번 방문하여 자원봉사를 하고 있습니다. 1998년 개소한 거제시자원봉사센터는 현재 권선이 센터장님이 운영하고 계시고 나눔과 배려 그리고 약간의 장애를 가진 아이들에게 무료로 열려있는 공간입니다. 권선이 센터장님의 모습에 저의 발이 이끌려 이곳을 알게 된 이후로 저보다 더 어렵고 힘들게 사시는 분들이 많다는 것을 알게 되었습니다. 저는 사지 멀쩡하고 세상에 태어난 것도 정말 복 받은 것이며 감사한 마음을 갖고 있어 평소에 무료봉사에 나서야겠다는 생각을 하고 있었습니다. 센터에 문의를 하니 매월 둘째, 넷째 주 토요일에 장애아동, 조손가정, 다문화가정, 한부모가정 및 독거노인 어르신들을 대상으로 점심 식사 무료봉사를 할 수 있다고 해서 2015년 여름부터 봉사를 시작했습니다.

권민호 시장님

무엇보다 저는 거제시에서 이렇게 무료봉사활동을 할 수 있는 여건이 있다는 점이 새삼 놀라웠습니다. 이런 환경을 조성한 것이 바로 권민호 시장님의 덕택이 아닌가 합니다.

권민호 시장님은 거제 미래 100년의 주춧돌을 마련하기 위해 많은 대규모 사업계획을 운영하시면서도 특히 지역발전과 지역민들의 복지 향상에도 최선의 노력을 기울이고 계십니다. 저소득층을 위한 아파트 건립과 침체된 지역경제를 위해 전통시장 매출 증대를 위한 지원사업, 지역상권 활성화를 위한 조치 등을 지속적으로 시행하고 일자리 희망지원센터, 거제시희망복지재단 등을 운영하며 어려움을 겪고 있는 지역민들의 아픔을 보듬어주고 계시기도 합니다.

이밖에도 어려운 이웃을 돕기 위해 불철주야 힘써주시는 거제시 관계자 분들의 노고가 얼마나 큰지 알기에 항상 응원한다는 말씀을 꼭 전해드리고 싶습니다.

처음 방문했을 때 모두 따뜻하게 맞아주시고 하나하나 자세히 설명해주시면서 "이렇게 직접 방문해서 봉사하겠다고 오신 것만으로도 충분히 존경하고 감사하는 마음입니다."라고 말씀하시던 권선이 센터장님이 생각납니다.

여기에 무료봉사하러 오신 분들은 모두가 소시민이시고 우리와 함께 살고 계시는 시민들로 거제개인택시자원봉사연합회, 그 외 대부분은 개인 참석자셨습니다. 또 아이들의 손을 잡고 오신 주부님도 많이 계셨고, 어떤 분은 시어머님의 손을 잡고 함께 오시기도 하여 아주 분위기가 화기애애한 점이 특히 맘에 들었습니다.

한번은 뇌병변장애와 언어정신자폐성장애인 아이들을 직접 권선이 센터장님께서 초대하여 거제시 자원봉사센터에서 점심 식사를 하는 날이었습니다. 저는 약간은 수동적이기도 했고 장애인을 대상으로 처음 봉사활동을 해서 경험도 없었습니다. 그러나 여러 경험 많은 자원봉사자 중 삼성중공업 트랜스포터를 운행하셨던 김영웅, 김형국 형님과 직원 출퇴근 버스CEO인 윤순옥, 박수련 님들 중 특히 윤순옥 님께서는 정신자폐성장애인 아이들을 친아들, 딸처럼 먹여주고, 입혀주시며 진심으로 끌어안아주는 모습을 보여주셔서 큰 감동을 받았고 또한 눈물도 흘렸습니다. 그 모습에 '더욱 잘 해야겠구나.'라는 생각이 든 그날의 봉사였습니다.

또한 경남 거제시청 주민생활과에서 나오신 제채윤 과장님과 직원들, 직원 가족들이 함께 나와 저희와 함께 봉사를 하는데 모두가 장애우들과 할머니, 할아버지들을 하나라도 더 챙겨드리려하는 모습이 정말 보기 좋았습니다. 하나 되는 모습이 이런 것이구나 하는 마음을 느낀 자리였습니다.

저는 평생 무료봉사활동을 하기로 저 자신에게 다짐했고, 제가 이 세상에서 태어나 이렇게 아무 장애 없이 숨 쉬고 살아가는 것만 해도 크나큰 행운이라 생각하고 있으므로 시간이 허락할 때면 언제라도 봉사하며 살아야겠다고 다짐하고 '1365자원봉사센터'에 가입했습니다.

아마 무료봉사를 하시고 싶어도 몰라서 못하는 경우가 많을 것이라 생각해서 무료봉사할 수 있는 방법을 소개해 봅니다. 인터넷 사이트 'www.1365.go.kr'로 가시어 회원가입 후 "봉사참여"를 클릭하면 "지역별 봉사조회"가 나옵니다. 그 중에서 본인의 주거지역에 해당하는 곳에서 봉사활동을 신청하시면 됩니다. 아주 간단하죠.

일차적으로는 본인이 무료봉사하여 감사함을 공유하는 것이 가장 큰 보람입니다. 그 이외 장점은 아래에 보여드리겠습니다.

- 우수자원봉사자 기념일 축하카드 발송(연간 96시간 이상 봉사활동자)

- 우수봉사자할인가맹점 이용증 발급(연간 96시간 이상 봉사활동자)

- 우수자원봉사자 신진지 견학(년1회 40명)

- 표창대상자 추천

- 우수봉사자 센터 소식지(거제사랑) 발송

- 마일리지 우수자 영예인증 발급 등

위 내용들은 처음에는 무료자원봉사를 위해 와서 하루, 또는 경우에 따라 반나절 정도 무료 봉사활동을 해서 사회에 조금이라도 작은 힘이라도 되어보고자 참여했던 것이었는데 자원봉사센터에서 여러 가지 혜택을 추가로 주시어 아주 감사했습니다. 또한 학생들, 그리고 성인들에게도 사회생활을 하면서 앞날은 어떻게 변

거제시자원봉사센터 활동

하고 일어날지 모르는 상황인데, 혹 사회적으로 본인에게 불이익을 당했을 때 봉사활동 기록이 본인에게 여러모로 '플러스알파'가 되는 아주 좋은 자산이란 것도 알 수 있었습니다.

여러분들께서도 지금 당장 전국 어디에서라도 신청 가능한 무료봉사활동을 신청하시어 사회에 환원하는 좋은 모습을 보여주시길 바랍니다.

뉴(New) 거제 8경을 구성하다

봉사활동을 다니면서 제가 또 하나 느낀 것이 있다면 바로 거제시를 많이 돌아다니면서도 미처 알지 못했던 거제시의 아름다운 환경이 곳곳에 숨어있다는 것이었습니다. 그래서 저는 3년 동안 기존에 있는 거제시의 아름다운 8경을 모두 돌아보고 나서 거제시민들이 이용하는 '거사모'라는 카페에 의견을 나눠 '뉴(New) 거제 8경'을 새롭게 구성해보았습니다. 여러분들께서도 방문해보시고 아름답고 멋진 거제시의 풍경을 감상하고 좋은 추억을 만들어보시기 바랍니다.

뉴 거제 1경 윈드밀테라스(애광원)

감히 제가 뉴 거제 8경에서 1경으로 넣어본 곳이 윈드밀테라스(애광원)라는 곳입니다. 특히 장승포항 앞바다의 경관과 애광원의 대표 건물인 민들레집은 김임순 원장의 편지에 담긴 '애광원의 역사'에 감동을 받은 건국대학교 강병근 교수가 직접 설계와 감독을 맡아 1986년 10월에 완공되었습니다. 민들레집에서는 장승포항과 앞바다, 오밀조밀한 동화 같은 마을과 멀리는 망산도 볼 수 있으려니와 유럽에 온 것 같은 건물들의 조화로움을 느낄 수 있고, 식물원과 까페테리아, 그리고 오솔길도 잘 갖춰져 있습니다. 뉴 거제 1경으로 제가 추천함에 전혀 부족함이 없었습니다.

애광원 전경

옥포대첩 기념비와 기념관에서 바라본 풍경

뉴 거제 2경 옥포대첩 기념 공원

거제시는 제가 존경하는 성웅 이순신 장군을 빼놓을 수 없는 도시입니다. 그중 하나가 이순신 장군께서 승리한 옥포대첩을 기념하기 위해 옥포만에 기념공원을 조성한 곳으로 제가 뉴 거제 2경으로 소개드릴 옥포대첩 기념 공원입니다. 이곳을 뉴 거제 2경으로 올린 이유는 효충사에 올라 뒤를 돌아보시면 아실 것입니다. 너무 멋진 풍경이 기다리고 있을 것입니다. 탁 트인 바다와 바다 한가운데 아름다운 섬, 그리고 우리나라의 조선업의 대표주자중 하나인 대우해양조선의 광대한 모습과 바다위에 떠 있는 태어나서 처음 봄직한 큰 선박들이 아주 큰 장관을 이룰 것입니다.

뉴 거제 3경 서항마을

서항마을은 비밀의 숲처럼 숨겨놓은 거제의 벚꽃명소입니다. 파릇파릇한 대나무 숲을 지나면 눈앞에 펼쳐지는 비밀의 화원이 나타납니다. 이렇게 아름다운 곳이 또 있을까 싶은, 마치 벚꽃으로 꾸민 웨딩촬영장에 온 것 같은 화사하고 장엄하기까지 한 벚꽃아치길, 정말 장관입니다.

뉴 거제 4경 해금강 우제봉

금강산 해금강에 뒤지지 않는다 하여 해금강이라 불리는 거제 바다의 보석인 해금강을 내려다 볼 수 있는 곳이 우제봉입니다. 해금강 주차장에서 우제봉 전망대까지는 약 1km 정도 되는데 느린 걸음으로 동백 숲길을 따라 30분 정도만 걸어 들어가면 해금강 비경을 한눈에 품을 수 있습니다. 쪽빛 바다 위에 점점이 떠 있는 다도해의 풍경과 그곳에서 불어오는 시원한 바람이 가슴을 활짝 열어젖혀 줍니다. 30분 발품으로 해금강의 비경을 품은 행복함은 그저 감사할 따름이고 또한 환상적인 일출과 일몰은 신이 주신 또 하나의 선물입니다.

우제봉 전경2

뉴 거제 5경 혜양사

혜양사를 시작으로 노자산 등산로가 이어지는데 한려해상국립공원이 시원스레 보이는 곳으로 아주 경관이 좋습니다. 혜양사에는 지방문화재로 지정된 탱화도 있을만큼 유서 깊은 절로 고즈녁한 자연경관과 절 특유의 분위기를 함께 즐기고 싶은 분들에게는 강력하게 추천하는 바입니다.

뉴 거제 6경 북병산 매바위와 전망대

북쪽으로 병풍처럼 가리고 있다고 하여 북병산이라고 합니다. 높이는 465.4m인데 산행하시다 보면 산행할 때 즐거움이나, 땀방울, 힘든 것을 모두 날려 보내줄 너무나 멋진 전경을 보여주는 전망대가 나옵니다. 정상에서 바라본 망치마을 앞에 보이는 조그만 섬이 윤돌섬, 머리 보이는 백사장이 구조라 해수욕장, 저 멀리 공곶이, 내도, 외도, 더 멀리는 가라산, 노자산 등 대부분의 거제 8경을 볼 수 있는 신이 내린 자리라 할 수 있습니다.

뉴 거제 7경 매미성

2003년 태풍 매미가 우리나라를 강타했는데 이곳 거제 시도 초토화가 되었습니다. 이후 한 사람(백순삼 님)이 쌓기 시작한 것이 매미성입니다. 바다 바로 앞에 밭이 있어 피해가 컸고 태풍이 와도 피해를 줄일 수 있도록 돌로 축대를 쌓기 시작한 것이 13년이 되었는데 사람들이 이를 블로그에 올려 유명세를 타기 시작한 것입니다.

매미성 경관

뉴 거제 8경 칠천도 칠천량 해전공원 전망대

1597년 7월 16일 새벽 칠천량 해전이 벌어진 장소입니다. 공원에서 내려다보이는 바다전망과 올레길 같은 마을 길 그리고 편안하고 포근한 바다 등이 마치 호수 같은 풍경과 분위기를 전해 감수성을 느낄 수 있습니다. 어른, 청소년, 아이들 할 것 없이 현장학습으로 우리의 역사를 배울 수 있는 살아 숨 쉬는 장소이고, 주위 경관이 아름답다는 것이 뉴 거제 8경에 빼놓을 수 없는 이유입니다.

칠천량 해전 공원 경관

CEO 사관학교

탁월한 CEO가 대한민국을 세계 최고 국가로 만듭니다. 리더십과 역량이 있는 CEO가 기업의 생명력을 결정짓는 것이라 생각합니다.

그래서 저는 CEO를 양성하는 교육기관이 필요하다고 생각했습니다. 해외 사례가 있을까 하여 찾아보니 이웃 나라 일본에서는 이미 오래전부터 설립되어 운영되고 있었습니다.

– '교세라'의 창업자 이나모리 가즈오 회장은 1983년부터 자신의 경영철학과 경험을 전수하기 위해 '세이와주쿠'를 운영 중인데 이곳은 일본 최고의 경영 아카데미로 꼽힌다. 손정의 소프트뱅크 회장과 시게다야 스미스 히키리통신 사장 등이 이곳이 거친 것으로 알려져 있다.

교토의 신진 경영자들이 올바른 삶의 방법, 인간 철학, 경영자

마음가짐, 경영 철학 등을 배우려 조직한 스터디 그룹에서 비롯되어 현재는 미국과 브라질 등 해외 총 58개 지부에 4,700여 명의 경영자들이 참여했다.

또한 '파나소닉' 마쓰시타 고노스케가 정치, 경제 관련 인재들을 양성하는 마쓰시타 정경숙과 유명한 경영학자인 오마에 겐이치가 만든 '비지니스브레이크스루대학(Breakhtrough University)' 등도 미래 경영인들의 '리더십 인큐베이터'로써 가치를 입증하고 있다.(동아일보 중)

"직업에는 귀천이 없다, 전문성과 프로의식만 있으면 어디서, 무엇을 하든 성공할 수 있다는 것을 지난 30여 년의 경험을 통해 보여주고 있다." – CJ푸드빌, 정진구

"직장을 평생 일터로 여겨라." – 전 삼성전자, 이기태

"하고 싶다는 열정, 하겠다는 의지, 반드시 할 수 있다는 확신만 있으면 어떠한 도전도 아름답습니다." – 전 아시아나, 박찬법

"생각대로 살지 못하면, 사는 대로 생각하고 만다." – 전 KTF, 남중수

"인내는 열정이 있어야 가능하고, 열정은 도전 정신이 받쳐줘야 한다고 했다." –효성, 이상운

"모든 업무는 연결되어 있으며 자신의 영역에 스스로 칸막이를 치는 것은 어리석은 일이라고 강조했다." – 대한항공, 이종희

대한민국 CEO들의 이야기입니다. 그들은 하나같이 긍정적이고 능동적이며 열정적입니다. 실패도 하지만 절대 포기하지 않습니다. 확신이 있으면 밀어붙이는 것입니다. 우리에게는 이런 인재들이 필요합니다.

그래서 저는 '대한민국을 세계 최고로'를 바탕으로 둔 실용학풍을 세워 탁월한 인재이지만 가정형편이 어렵거나 확신과 열정, 큰 꿈을 가진 우수한 젊은이들을 CEO로 육성하여 국가발전의 큰 축을 담당하는 국내 최초, 최고 수준의 '학비 전액 무료 CEO사관학교'를 만들겠습니다.

저는 자신의 잠재적 가능성을 최대한 믿고 자신을 사랑하고 긍정적인 사고를 갖도록 하는 사람을 만들고 싶습니다. 인간의 실질적 잠재력은 한계가 없습니다. 다만 스스로 한계를 만들고 자신을 그 안에 가두는 것에 지나지 않습니다.

어려운 여건이 잠시 앞날의 꿈과 비전을 잠시 움츠러들게 할지라도, 자신의 가능성을 믿고 무료 CEO사관학교에서 꿈과 비전, 그리고 열정을 마음껏 펼칠 수 있도록 하겠습니다. 인생의 목표를 설정해 그 목표가 현실이 될 수 있도록 최선을 다해 꿈과 비전을 가진 젊은이들을 도울 것입니다. 우리 앞에는 멋진 미래가 기다리고 있습니다.

앞으로 제가 만들 '학비 전액 무료 CEO사관학교'는 창의력과 실용적 전문능력을 더하는 교육방향을 가지고 이끌어갈 계획입니다. 창의력은 우리의 앞날을 바꾸는 힘이고, 실용전문능력은 우리의 앞날을 발전시키는 힘입니다. 품성이 훌륭하고 창의적이며 전문능력을 갖춘 멋진 젊은 인재들이 세상을 따뜻하게 만들고, 보다 나은 세상을 만들어갈 수 있다고 생각하고 있습니다. 이를 위해 학생들에게는 교육을 받으며 시간을 조금도 낭비하지 않도록 철저한 계획을 세울 것을 당부할 것입니다.

일상에 충실한 동시에 일상의 축적을 통한 탁월한 성취를 열망해야 할 것입니다. 하루하루 흘러가는 우리의 삶 중 어느 하루라도 의미 없이 지나치지 않도록 계획을 잘 세워야 합니다. 계획이 없다면 결국 소중한 젊은 날들을 헛되이 낭비하고 결국 실패를 맛볼 것입니다. 저는 제가 이끌 학생들에게 멋진 계획을 세워 성취할 수 있게 만들 것입니다.

마지막으로 사랑의 실천자가 되도록 하겠습니다. 무료 CEO사관학교의 건학이념을 '사랑하는 대한민국'이라고 삼겠습니다. 인간의 삶에서 으뜸 되는 가치인 '사랑'을 가르치며 흉내 내기 어려운 진정성과 품격이 있는 무료 CEO사관학교를 만들겠습니다. 입학하는 멋진 학생들이 자부심과 책임감을 가질 수 있는 명예롭고 자랑스러운 역사를 만들어 가겠습니다. 학생들이 역사의 한 페이지를 더욱 빛나고 굵게 써내려 갈 수 있도록 지원과 후원을 이어가며 이 모든 것이 이루어지기를 기원하겠습니다.

'호모 플레이쿠스'와
해양스포츠 사업비전

제가 조선소에서 근무하다가 '호모 플레이쿠스'[1]에 생각이 가서 해양스포츠 쪽으로 정보를 섭렵하던 중, "내가 직접 해양스포츠를 경험하면서 사업적인 구상도 해야겠구나."라는 생각을 하게 되었습니다. 그래서 조선소 일이 끝나고 난 후나 주말을 이용하여 책, 신문, 방송 그리고 도서관 등을 통해 자료들을 수집해 나갔습니다. 그러면서 해양스포츠를 몸으로 겪어봐야 나중 사업구상 및 비즈니스를 할 때 장단점과 노하우를 겸비해서 사업을 할 수 있겠다고 생각해 요트, 윈드서핑, 카누, 서핑 등을 직접 체험해보기로 했습니다. 그래서 2013년 거제시 일운면 지세포에 있는 지세포 요트학교에서 먼저 윈드서핑을 시작했습니다.

----

1 호모 플레이쿠스(Homo Playcus) : 눈으로 보는 스포츠를 넘어 직접 몸으로 스포츠를 체험하는 사람들을 일컫는 말.

여름에 배웠지만 배우면서 알게 된 상식 중 하나는 여름철 해양스포츠로만 대부분 알고 있었던 윈드서핑이 4계절 해양스포츠라는 것입니다. 목부터 발끝까지 원피스로 되어 있고 두꺼운 데다 보온 기능까지 있는 유니폼을 강사님이 보여 줘서, 처음에는 이해가 되지 않았던 것을 그제야 이해할 수 있었습니다.

지세포 요트학교에서 6주간 배우는 동안 많은 일이 있었습니다. 처음 배울 때는 윈드서핑과 제가 하나가 되어야 하는데 자꾸 바닷물과 제가 하나가 되는 것이었습니다. 중심을 잡지 못해 뒤뚱거리다 그 덕에 평생 마실 바닷물을 그 기간에 다 마셨다 해도 과언이 아닐 정도로 바닷물에 첨벙거리며 빠진 기억이 납니다.

그러나 한 주씩 수업을 받고 교육이 진척되면서 점점 자신감이 생기고 이제는 바람과 윈드서핑, 그리고 저 자신이 하나가 되어 가는데 이 기분을 어떻게 표현해야 할까요? 드넓은 바다를 다얻은 기분이었을까요? 한참을 타다 쉬려는데 하늘이 너무 파랗고 높아서 직접 바다에 떠있는 윈드서핑 보드에 누워 쉬면서 하늘을 바라보는 기분, 바람도 살랑살랑 불어주면서 정말 좋은 시간과

배움을 가졌던 소중한 시간이었습니다. 그렇게 저는 무사히 강습을 마무리하고 최종 테스트를 받아 결국 윈드서핑 3급 라이센스를 발급받았습니다.

윈드서핑 자격증

아주 생소한 윈드서핑을 배우고 나니 해양스포츠에 자신감이 생겼습니다. 그래서 다음으로 배울 종목을 찾고 있던 중 회사에서 점심시간이 되어 식당으로 진입하고 있는데, 식당 한쪽 벽에 동호회 회원 모집 대자보가 보이는 것이었습니다. 바로 눈에 들어오는 것이 요트, 승마, 패러글라이딩 외! 그래서 바로 요트동호회 회장님이신 조원득 PM부장님께 전화를 해서 가입을 하고 바로 첫 주에 요트 세일링을 체험했습니다.

제가 처음 탄 요트는 J-24라는 요트로 자동차에 비교하면 레이싱 카에 해당하는 모델입니다. 그때 기분은 아마 평생 잊지 못할 것입니다. 요트 세일링에 가장 적당한 바람, 파도 그리고 조원득 회장님, 선정식 부회장님, 이상민 형님, 감상헌 형님, 정상용 형님, 임수보 등과 함께 해서 더욱 좋았습니다. 최고로 기분 좋은 요트 세일링을 겪어본 덕택에 더욱 열정적으로 요트의 이론과 실기를 하나하나 배우며 즐거움을 더했습니다. 그 이후 경남 통영에서 열린 제8회, 9회 이순신장군배 국제요트대회에 출전하면서 실전을 익혀보는 좋은 시간을 가졌습니다.

그리고 2016년에는 대마도 세일링을 계획했었는데 출발 바로 전날 제18호 태풍 차바의 북상으로 인해 임원진들이 긴 시간 회의를 한 후 내년 봄으로 미루자고 최종결정을 하여 대마도 세일링은 2017년 봄으로 연기한 바 있습니다. 그밖에도 부산의 광안리 해양스포츠센터에 가서는 카누와 서핑 등을 경험해 보았으며,

보드, 카약, 제트스키 등도 배우며 좋은 기억 등을 남겼습니다.

지금도 열심히 준비하면서 사업 구상 및 기회를 엿보고 있으며 가장 큰 자산인 인맥형성에도 큰 비중을 두고 추진 중에 있습니다. 삼면이 바다인 우리나라에 앞으로 해양스포츠 발전에 대한 큰 비전이 기대되며 또 하나의 블루오션이 될 것이라 확신하는 바입니다. 앞으로도 호모 플레이쿠스에 대한 비전을 계속 일구어 가도록 노력할 것입니다.

명강사가 되어
긍정의 힘을
전파하고 싶다

2017년 1월 13일, 제 책을 출간하기에 앞서서 벌써부터 잘 아는 지인이 (우리나라에서 손꼽히는 유통회사 소속) 새해를 맞아 임직원에게 긍정, 열정, 희망 그리고 목표달성에 대한 주제로 강연을 부탁하였습니다.

바쁜 업무 중에도 부탁한 지인이 보여주는 엄마로서의 모성애에 감동받아 그러겠다고 대답을 한 후 그전에 의료기 회사의 대표로 있으면서 많은 회의와 강연회를 진행했었던 경험을 바탕으로 강연을 준비하게 되었습니다.

막내딸 초등학교 6학년생인 희원이의 도움으로 강연 자료들과 PPT를 모두 만들었는데 다행히도 거의 완벽하게 준비해서 강연을 하게 되었습니다.

다행히 그날 유통회사 교육담당자와 스테프들이 도와주어 강연

회를 성공리에 끝마쳤습니다. 끝난 이후엔 많은 청강자분들께서
정말 잘 들었고 감명 받았다는 소감을 말씀해주셨습니다. 특히
강연 중에 전했었던 재테크에 관심이 집중되어 저의 연락처를 많
은 분들께서 받아 가실 정도였습니다.

제가 성공과 실패의 순간 속에서 배운 많은 노하우들을 강연에
잘 살려서 많은 분들에게 도움이 되었으면 좋겠다는 생각이 조
금씩 현실로 나타나기 시작한 것이라 생각합니다. 그래서 저에
게 2017년은 남다른 해가 될 것 같습니다. 또 하나의 목표를 두고
노력할 것이기 때문입니다. 바로 "2017년 긍정을 전파하는 최고
의 명강사가 되겠다!"는 목표입니다. 실패와 좌절을 겪은 분도 얼
마든지 다시 할 수 있다, 일어날 수 있다는 희망과 용기를 북돋아
주고 다양한 분야에서 함께 활동할 수 있도록 멋진 강연을 하는
긍정 전도사이자 최고의 명강사가 될 것입니다.

제가 몸담고 있는 하성기업 나봉춘 대표님께서도 적극 도와주시기로 하시어 이 목표는 제가 꼭 이룰 수 있는 목표라고 생각합니다. 이 책을 읽고 계신 독자님들께서도 저에게 힘을 주시고 제가 열심히 노력하는 모습을 응원해 주시길 부탁드립니다.

　제가 정한 목표를 달성하기 위해서는 제 스스로 부단히 노력해야 하는 것이 당연하다고 생각합니다. 그래서 전국 어디든 달려갈 준비를 언제든지 갖춰둘 셈입니다. 전국 기업체, 관공서, 군부대, 학교 등 남녀노소 누구든 가리지 않고 저의 도움이 필요한 분이 계시는 곳이라면 어디든 달려가도록 하겠습니다. 또한 방송 출연도 계획하여 명강사로 소개받아 더 많은 분들에게 제 이야기를 들려드릴 수 있도록 할 것입니다.

　2017년이 밝았습니다. 이제 다시 시작입니다. 제가 2017년 목표를 이루기 위해 다시 출발선상에서 출발했습니다. 2017년 12월 31일이 기대됩니다. 저의 목표를 100% 달성해서 저자신이 한발 앞서가며 뿌듯함을 느낄 수 있도록 노력하겠습니다.

| 책을 만드는 데 도움을 주신 분

임영란 조각가, 이소진 도예가, 손기열 외환거래 FX전문가, 양우진 에셋플러스펀드, 고은현 형, 압둘라 파르호드, 백순삼 님(매미성 성주), 백성기, 백성산(용감한 형제).

Epilogue
–마치면서

이 땅의 청년들에게,
행복하기 위하여 가치 있는 목표에 도전하라

먼저 이 글을 쓰는 데 가장 크나큰 도움을 주신 도서출판 행복
에너지 권선복 대표에게 진심으로 감사함을 전합니다.

또한 이 세상에서 가장 사랑하는 아내 애경, 외국어고등학교 2
학년으로서 자기와의 싸움을 즐기고 있는 아들 다빈, 그리고 글
을 쓰는 데 가장 큰 도움을 준 사랑하는 딸(나주시 영재선발) 희원이에
게 정말 고맙고 사랑한다고 전하겠습니다!!

독일의 시인이자 소설가 한스 카로사는 말했습니다.

"영혼이 깃든 청춘은 쉽사리 사라지지 않는다."

젊음이 아름다운 것은 청춘의 영혼을 담보로 한 도전과 그에 따른 희생이 있기 때문입니다. 젊음의 정열로 아름다운 도전을 하고, 그 결과 자신과 세상을 더욱 이롭게 한다면 보람 있는 삶이 아니겠습니까. 그것이 바로 홍익인간의 정신입니다. 젊은이들의 도전이 살아 있는 국가는 발전하고, 젊은이들이 안정을 추구하고 도전이 사라진 국가는 퇴보합니다. 역사는 지키려는 만리장성 사상과 도전하는 노마드 사상을 결과로 보여줍니다. 열린 국가가 세상을 이끌어간다는 것이 역사적 진실입니다.

이 땅의 젊은이들에게 바라는 것은 '행복을 향한 도전'입니다. 행복은 불행하지 않은 것과는 다릅니다. 불행은 외부에서 오나, 행복은 내면에서 발현합니다. 행복의 발현 조건은 바로 도전입니다. 도전하기 위해 가치 있는 목표를 설정하길 바랍니다. 누구나 똑같은 도전을 하는 것은 가치가 떨어집니다. 내가 가장 잘할 수 있고, 그 결과가 나에게 도움이 되는 일에 도전하길 바랍니다.

도전의 첫 번째 관문인 가치 있는 목표를 설정하십시오. 많은 사람이 뛰어난 재주를 갖고 학업을 마치는 것을 보았습니다. 그들의 보람된 삶의 가치는 좋은 학교, 좋은 스펙이 아니라 꾸준히 가치 있는 목표를 추구했는가 하는 데 있습니다. 뛰어난 재주를 믿고 현실에 안주하는 사람은 큰일을 하지 못합니다. 목표는 가치 있는 삶의 재미요, 동기부여를 위한 강력한 수단입니다.

이러한 가치 있는 목표가 꾸준히 유지되기 위해서는 중간의 이정표들이 설정될 필요가 있습니다. 그렇다고 지나치게 빈틈없는 삶을 살 필요는 없습니다. 확고한 목표 설정과 유연성은 상반되는 것이 아니라 오히려 보완되기 때문입니다.

수단의 유연성이 없는 사람 역시 큰일을 하지 못합니다. 가치관은 확고하되 전술적 수단에 대해서는 지나친 고집을 부리지 말아야 합니다. 설정된 목표를 추진하는 과정에서 많은 사람은 현실과 타협하기도 합니다. 수단의 유연성이 아니라 목표의 가치를 상실해가기 때문입니다. 그리고 스스로 자기합리화를 합니다. 살아남는 것이 가장 강한 것이라고…. 그러나 장기적으로 보았을 때 지나치게 현실에 순응하는 사람이 바로 중요한 삶의 가치를 상실합니다. 우직하고 융통성이 없어 보일지라도 가치 있는 목표를 통해 가시밭길을 헤쳐 나가겠다는 의지가 반드시 필요합니다.

목표에 대한 믿음이 있으면 과정의 희생을 감내할 수 있습니다. 목표에 혼이 실려 있지 않으면 조금만 어려움이 닥쳐도 목표를 잃어버리기 마련입니다. 모든 생명의 탄생은 아픔으로부터 시작하듯 가치 있는 삶은 편한 삶이 아닙니다.

가치 있는 삶은 가치 있는 목표에 굳건한 의지로 도전해 이룩됩니다. 간혹 피투성이가 되기도 하고, 커다란 상처를 입기도 하지만 이러한 아픔 속에서 새로운 가치와 새로운 길이 만들어집니다. 도전하는 청년만이 행복을 추구할 자격이 있습니다. 이기심이 승화하면 이타심이 되며 최선의 경쟁은 협력이 됩니다.

세 번째로 목표를 향해 갈 때 동행할 동지가 있어야 한다는 것입니다. 아프리카 속담에서 '빨리 가려면 혼자 가고, 멀리 가려면 함께 가라'고 합니다. 뜻을 같이하는 동지가 있으면 힘든 과정에서 서로 의지가 됩니다. 목표는 그 자체가 끝없는 방랑이고 목표를 통한 가치 있는 삶은 목표를 소유하는 데 있지 않습니다. 목표에 이르는 과정이 중요한 것입니다.

그러나 과정만을 즐기면 더불어 가는 동지들에게 나누어줄 것이 없습니다. 특히 가족들이 그러합니다. 그래서 소유와 삶은 서로 순환하고, 일과 놀이가 순환하고, 사회가치와 경제가치가 순환하고, 목표와 과정이 순환하고, 소유와 삶이 순환합니다. 이 순환의 과정은 상극이기도 하고 상생이기도 합니다. 상극과 상생이 서로 순환할 때 생명이 생긴다는 오묘한 진리는 언젠가 몸으로 체득할 것입니다.

우리 민족의 전통적인 홍익인간 사상은 타아실현의 사상입니다. 매슬로우의 욕구 5단계 설에서 생존의 단계, 안정의 단계, 사회적 단계, 명예의 단계를 거친 다음이 자아실현의 단계입니다. 그러나 홍익인간은 이를 뛰어넘은 타아실현의 단계입니다. 누구든지 삶을 살면서 앞의 단계를 무시하고 다음으로 나갈 수는 없습니다. 생존에 허덕이는 사람이 명예를 추구한다면 웃음거리가 됩니다. 수신修身도 못하는 사람이 제가齊家를 하는 것도 어렵지만 이미 제가를 한 사람이 제가에만 머문다면(사회적으로 성공한 사람이 가족만 챙긴다면 노블레스 오블리주를 망각한 것입니다), 그것 역시 바람직하지 않습니다.

삶의 아름다움은 적절한 균형이 있기에 가능합니다. 안정의 욕구를 달성했다면 사회적 욕구를 추구해야 되고, 사회적 욕구를 달성했다면 명예를 추구하고, 명예를 달성했다면 자아실현을 향해 나아가야 합니다. 그러나 자아실현에 머무르는 것은 진정한 순환의 삶이 아닙니다. 더불어 살아가는 이 세상의 수많은 사람에게 자아실현의 기회를 주는 훌륭한 멘토가 되는 것이 타아실현의 홍익인간 사상입니다.

위와 같이 제가 존경하는 분께서 말씀하신 '타아실현의 홍익인간 사상'이란 소중한 가치에 대해 더 많은 분들과 함께 나눠보고자 인용했습니다. 이처럼 저는 수많은 사람에게 자아실현의 기회를 드릴 수 있도록 도전과 용기의 자세를 가지고 앞으로 더욱 노력하겠습니다.

힘든 시기를 겪었지만 그보다 더 나은 미래를 위해 살아가보려 합니다. 사무엘 울만이 78세에 쓴 「청춘」이라는 시가 있습니다. 그의 모습처럼 언제나 열정과 도전정신을 가슴에 품고 뛰겠다는 다짐으로 책을 마무리합니다.

청춘이란 인생의 어떤 한 시기가 아니라
마음가짐을 뜻하나니
장밋빛 볼, 붉은 입술, 부드러운 무릎이 아니라
풍부한 상상력과 왕성한 감수성과 의지력
그리고 인생의 깊은 샘에서 솟아나는 신선함을 뜻하나니
청춘이란 두려움을 물리치는 용기.
안이함을 뿌리치는 모험심.
그 탁월한 정신력을 뜻하나니

때로는 스무 살 청년보다 예순 살 노인이 더 청춘일 수 있네.

누구나 세월만으로 늙어가지 않고

이상을 잃어버릴 때 늙어가나니

세월은 피부의 주름을 늘리지만

열정을 가진 마음을 시들게 하진 못하지.

근심과 두려움, 자신감을 잃는 것이

우리 기백을 죽이고 마음을 시들게 하네.

그대가 젊어 있는 한

예순이건 열여섯이건 가슴속에는

경이로움을 향한 동경과 아이처럼 왕성한 탐구심과

인생에서 기쁨을 얻고자 하는 열망이 있는 법,

그대와 나의 가슴 속에는 이심전심의 안테나가 있어

사람들과 신으로부터 아름다움과 희망,

기쁨, 용기, 힘의 영감을 받는 한

언제까지나 청춘일 수 있네.

영감이 끊기고

정신이 냉소의 눈雪에 덮이고

비탄의 얼음氷에 갇힐 때

그대는 스무 살이라도 늙은이가 되네.

그러나 머리를 높이 들고 희망의 물결을 붙잡는 한,

그대는 여든 살이어도 푸른 청춘이네.

출간후기

도전정신과 열정이 있다면 여러분도 해낼 수 있습니다!

권선복
도서출판 행복에너지 대표이사, 한국정책학회 운영이사

인생을 살아가다보면 한때 높은 정점에 다다라서 기쁜 순간을 만끽하기도 하고 낮고 깊은 저점에 이르러 힘겨운 시간을 보내기도 합니다. 두 가지 경우 모두 성경의 한 구절처럼 이 또한 지나가게 마련입니다.

그러나 실패의 시간을 보내는 동안 지나간 과거에 얽매여 다시 성공하기 위한 힘을 채우는 노력을 소홀히 하는 경우가 많습니다. 성공이란 인생에 단 한 번 찾아오는 행운이 아닙니다. 노력과 열정을 가지고 있다면 누구나 성공의 시간을 많이, 아주 길게 가질 수 있는 것입니다.

한국지도자아카데미 과정 원우로 만나 관계를 유지하며 지켜본 윤영일 저자는 '할 수 있다', '해야 한다', '하니까 된다'는 신념과 자신감으로 성실하게 수업에 참여하고 있었습니다. 그 모습을 보고 출간을 결정해 귀한 인연을 맺게 되었습니다.

『나는 스캐폴더다』 책은 현재 조선소에서 매우 어렵고 위험한 일로 손꼽히는 '족장맨(Scaffolder)'으로 일하는 저자가 과거 한때 의료기기업체의 총판 대표까지 올랐던 시절과 불운하게도 아픔을 겪었던 시절, 그리고 미래에 다시 일어서서 성공의 궤도로 오르기 위한 청사진까지 제시하는 등 자신을 돌아보고 내일을 준비하기 위해 엮은 책입니다. 저자는 지금은 힘들고 괴로운 일을 하며 지치더라도 끊임없이 자신을 갈고 닦는 준비의 시간이 반드시 필요하다고 강조합니다.

그리고 분야를 가리지 않고 발휘된 그의 도전정신은 가슴 속에 깊이 잠재되어 있던 꿈과 목표를 다시 일깨워줍니다. 특히 힘든 직장 생활 속에서도 아들과 함께 마라톤 완주로 같이 이겨 내보자는 목표를 세워 도전하는 모습은 감동적이기까지 합니다.

남다른 열정과 다시 해낼 수 있으리란 믿음으로 똘똘 뭉친 자신감, 본인만의 노하우를 집약한 『나는 스캐폴더다』로 인생의 굴곡을 간접 체험하며 삶의 희망과 목표를 다시 설정해보는 계기가 되길 바라며 이 책을 읽는 모든 독자들의 삶에 행복과 긍정의 에너지가 팡팡팡 샘솟으시기를 기원 드립니다.

하루 5분 나를 바꾸는 긍정훈련

행복에너지

'긍정훈련' 당신의 삶을
행복으로 인도할
최고의, 최후의 '멘토'

'행복에너지
권선복 대표이사'가 전하는
행복과 긍정의 에너지,
그 삶의 이야기!

인터파크
자기계발 분야 주간
베스트 1위

권선복 지음 | 15,000원

권선복

도서출판 행복에너지 대표
지에스데이타(주) 대표이사
대통령직속 지역발전위원회
문화복지 전문위원
새마을문고 서울시 강서구 회장
전) 팔팔컴퓨터 전산학원장
전) 강서구의회(도시건설위원장)
아주대학교 공공정책대학원 졸업
충남 논산 출생

책 『하루 5분, 나를 바꾸는 긍정훈련 - 행복에너지』는 '긍정훈련' 과정을 통해 삶을 업그레이드하고 행복을 찾아 나설 것을 독자에게 독려한다.

긍정훈련 과정은 [예행연습] [워밍업] [실전] [강화] [숨고르기] [마무리] 등 총 6단계로 나뉘어 각 단계별 사례를 바탕으로 독자 스스로가 느끼고 배운 것을 직접 실천할 수 있게 하는 데 그 목적을 두고 있다.

그동안 우리가 숱하게 '긍정하는 방법'에 대해 배워왔으면서도 정작 삶에 적용시키지 못했던 것은, 머리로만 이해하고 실천으로는 옮기지 않았기 때문이다. 이제 삶을 행복하고 아름답게 가꿀 긍정과의 여정, 그 시작을 책과 함께해 보자.

『하루 5분, 나를 바꾸는 긍정훈련 - 행복에너지』